别让网瘾抢走你的孩子

王小鱼 编　　王永光 绘

SPM
南方传媒　｜　岭南美术出版社

中国·广州

图书在版编目（CIP）数据

别让网瘾抢走你的孩子/王小鱼编；王永光绘. —广州：岭南美术出版社，2023.12
ISBN 978-7-5362-7771-7

Ⅰ.①别… Ⅱ.①王… ②王… Ⅲ.①互联网络－病态心理学－防治－儿童读物 Ⅳ.C913.5-49②B846-49

中国版本图书馆CIP数据核字(2023)第135162号

出 版 人：刘子如
责任编辑：黄　敏
责任技编：谢　芸
装帧设计：深圳市拓特文化传播有限公司

别让网瘾抢走你的孩子
BIE RANG WANGYIN QIANGZOU NI DE HAIZI

出版、总发行：岭南美术出版社（网址：www.lnysw.net）
　　　　　　　（广州市文德北路170号3楼　邮编：510045）
经　　销：全国新华书店
印　　刷：深圳市长江印刷有限公司
版　　次：2023年12月第1版
印　　次：2023年12月第1次印刷
开　　本：889mm×1194mm　1/32
印　　张：5.25
字　　数：119千字
印　　数：1—50000册
ISBN 978-7-5362-7771-7
定　　价：38.00元

前 言

和孩子一起战胜网瘾

　　当今社会，网络已经成为青少年重要的学习、社交、娱乐工具，极大地影响着青少年的思维和生活。尤其是网络游戏，以其难以抗拒的天然"魔力"，犹如无边无际的泥潭，让许多青少年深陷其中，无法自拔，久之成"瘾"。调查显示，当前我国青少年网瘾成瘾率为10%左右，以此推算，网瘾青少年总数将达2000万人以上。令人担忧的是，此前新冠疫情致使学校的"网课"增加，很可能成为青少年网络成瘾又一新型诱因。专家形容，网瘾就像"不死癌症"。它残害孩子的身体、荒废孩子的学业，进而摧毁孩子的未来，因网瘾而引发的各类事故型"悲剧"呈多发、增长趋势。网瘾已经成为引发严重家庭问题、校园问题、社会问题的重要导火索。

　　从某种意义上说，预防和抗击网瘾，是一场家长和老师跟网络争夺孩子最艰难的"战斗"，而且将是长期的、一代又一代续演的"持久战""拉锯战"。

　　值得欣喜的是，近年来，广大家长、教育工作者以及社会各界人士均深刻认识到网瘾的危害，多方联手干预孩子的上网问题。新修订的《未成年人保护法》，首次以法律形式明确互联网平台负有防止未成年人沉迷网络的责任；国家有关部门联合印发《关于进一步严格管理，切实防止未成年人沉迷网络游戏的通知》，严格限制互联网平台企业向未成年人提供网络游戏服务的时间；正在制定的《未成年人网络保护条例》，将强化平台建立预防沉迷的游戏规则。值得注意的是，家庭是孩子上网的主要场所，在决定一个孩子是否会成为网瘾患者的众多因素中，家庭起着决定性作用。而目前未成年人戒除网瘾的有效方法，无一不需要家长的参与和协同。要从源头上预防和干预网瘾问题，非常需要家长的自觉和行动。

《别让网瘾抢走你的孩子》，是"给未成年人和家长的黑皮书"系列的第二本。本书归纳总结了目前国内应对未成年人网瘾问题的家庭防治方式方法，向广大家长阐明网瘾的成因和规律，提供预防和治疗的建议，从打造网络家庭共同体的角度，向家长传递有用信息和操作方法，一方面预防孩子被"网住"，另一方面帮助已上瘾的孩子逐步戒断网瘾。同时，也向未成年学生群体宣传网络成"瘾"的危害，提升防止网络沉迷的警觉性，关爱孩子的心理健康，提倡让温暖的连接、真实的快乐，落脚在未成年人日常的生活学习和兴趣爱好中。

我认为，这是一本很适合家长、老师和孩子一起阅读的网络使用建议书。越早建立防范意识，越早关注网瘾问题，家庭的网瘾"防火墙"就越牢靠，孩子的网络世界就越安全，孩子的成长也更健康。

深圳市宝安区教育局党组书记、局长
2023年12月

引 言

我们如何与电子产品"争夺"孩子

　　一个教育话题：数字时代如何与电子产品"争夺"孩子？这些年来被反复提起。随着电子时代日新月异的技术更迭，话题下的内容也在不断发生变化。比如，10多年前，关于青少年网瘾防治，舆论多为诟病黑网吧纵容教唆未成年人游戏成瘾；而现在，无须网吧，人手一部的手机让孩子的沉迷来得更便捷，手游、短视频更强的侵入性，也让成瘾更快、更容易。一个不好的趋势已经出现：成瘾出现低龄化倾向。成瘾者由10多年前以青春期中后期青少年为主，发展为如今未进入青春期的儿童逐年增加。用心理学专家、青少年网瘾症临床和心理治疗一线专家银子的话说："他们一脸童稚却眼神呆滞，成为电子成瘾的'生力军'。"

　　有多少孩子陷入网瘾无法自拔？按照中国互联网信息中心发布的数据，2021年中国未成年网民规模达1.91亿，按照行业研究普遍认可的10%的成瘾率，我国未成年网瘾者超过2000万。

　　未成年人的网瘾是怎样造成的？网瘾问题首先无疑是个系统的社会问题，但深究个体成因，会发现家庭问题是未成年人网络成瘾的必要条件。孩子网瘾萌芽发展，家庭因素是重要"土壤"。近年来，国内多个专项课题研究结果和一线临床诊疗实践，都得出相同的结论：每个网瘾孩子背后，都有一对问题父母、一个问题家庭。网瘾病症在孩子，根源是家庭问题。在心理层面上有所缺失，尤其是亲情缺失的孩子，往往就是网瘾免疫力薄弱者，更易"落网"。大量事实证明，要拉出"落网"的孩子，除了学校的力量、专业机构的力量、社会的力量，最终起决定作用的还是父母的爱和孩子自己的努力。

如何将电子产品"归化"为家庭教育、亲子沟通的良品，是每个家长都必须认真思考的问题。在电子环境中，父母天生的权威和话语权，随着孩子唾手可得的丰富信息而削弱，甚至解体；父母的掌控和约束力，与切合人性弱点设计的网游较量时，往往力不从心、鞭长莫及。被动应付的防范显然已经失去了作用，甚至只有反作用。真正有效的是和孩子站在同样的角度，重新打量网络文化，教导他们认识真实的网络世界，为他们打造虚拟与现实平衡和谐的环境；日常注重培养孩子良好的社会技能、积极向上的学习态度、乐观热情的情绪状态，这些内在品质才是"网瘾"免疫剂。同时，我们希望传达一个观念：网瘾问题的解决方案关键在于家长。电子时代坚持终身学习、终身成长，家长才跟得上孩子的脚步，才担得起养育责任，才能完成数字时代下合格家长的自我课题。

问题再次回到原点——数字时代，家长如何与电子产品"争夺"孩子？将这个话题分解开，我们将要探讨的是几个分话题：一是家长对于网瘾应该有怎样的认知和警惕；二是如果孩子染上网瘾，我们该制定和实施怎样的应对和解决方案；三是电子时代下合格的家长应该具备怎样的修养；四是如何构建宽严相济、互信互助的家庭网络共同体。

按照"黑皮书"惯例，我们首先给家长提供三个"黑故事"——小庆、梦梦、阳仔三个孩子及他们家庭的故事。这些故事都源自真实案例，作为网瘾孩子的家庭写照，家长们也许能从中或多或少看到自己或孩子的影子。我们试图从三个层面逐层打开未成年网迷的世界，A面是对孩子"坠网"的状态，由此引发家庭焦虑的描述；B面是对家庭内部结构失衡，尤其是家长教养不当的剖析；C面是家长自我调整，帮助孩子"脱瘾"的记录。让我们从"黑故事"开始，一起走上未成年人"网瘾"防治之路。

目录
CONTENT

第一章

陷入网络的孩子们

第一部分　黑故事A面

　　出现一个沉迷网络的孩子，一个家庭就陷入了冲突矛盾和痛苦中。小庆、梦梦、阳仔三个"小网迷"，让三个家庭陷入了困境。

A1 你砸了手机，我就跳下去

12岁的小庆，刚上初一。日常家长管教很严，课余上兴趣班，不让小庆随便结交朋友。小学毕业的暑假，他总算被允许去朋友家里玩耍，他们一起玩《星球大战》的游戏，得到"解放"的小庆玩得很开心。

　　小庆加入游戏公会，随着技术进步，账号不断升级，成了战队的队长。他的零用钱和红包都用来购买装备。开学后，他仍然背着父母在夜里"攻城略地"，上课时脑袋里回旋的也是"战斗"场面，走神时想的是"怎样突破火线"……

　　进入中学的第一个学期，他的成绩开始下滑，班级排名垫底。还经常不交作业，上课睡觉。

　　一天夜里，妈妈起床喝水，发现小庆房间透出灯光，悄悄一推，门开了条缝，小庆的秘密曝光了：他正戴着耳机全情投入打游戏……

　　爸爸的一声怒吼、一个巴掌，把小庆拉回现实世界。

　　爸爸规定以后小庆房间不准锁门，手机没收，电脑放在客厅使用。小庆回家时间越来越晚，说是补课。有一天晚上，小庆10点才到家，在爸爸的逼问下，他只得承认是去网吧打游戏了。

　　期中考试成绩一塌糊涂，父母追问原因，小庆说学习跟不上，很无聊，不想上学了。爸妈很苦恼，不知从何着手。

　　这天，妈妈拿出没收的小庆手机想充电，怎么也插不上插头，仔细一看，发现是个仿真模型。没收的手机早就被替换了……

　　当天半夜，爸爸妈妈再次偷袭小庆房间，黑乎乎的房间从被窝闪出一道光……拉开被窝一看，小庆果然在用手机打游戏……

　　爸爸一把抓过手机，小庆扑上去抢，大叫着："我是战队队长，没有我，我们战队就会输掉！"

　　爸爸怒吼着要砸了手机，小庆忽地跳上窗台，拉开房间窗户，声泪俱下叫嚷："你砸了手机，我就跳下去！"

爸妈一起把小庆拉下来，一家三口都哭了……

小庆的心里话

玩游戏过关后将账号升级，十分痛快，而且同一个战队的小伙伴很团结，都是我的朋友。我当了战队队长，大家还听我指挥，很有面子，很有成就感。打游戏比单调的学习愉快多了。

黑点探查

被打压的孩子在网络中寻找价值

小庆在学校功课压力大，成绩不好，交友又受到家长限制，他在网络游戏中找到学习中得不到的成就感。参加游戏公会有了群体认同感，还能呼朋引伴，得到同伴的拥戴，网络上获得了现实缺乏的人生乐趣，找回了自尊心和自我价值感。就这样在成绩差、朋友少与网络游戏的快意杀伐之间形成恶性循环，欲罢不能。

据中国青少年网瘾调查报告（2009年）统计，在校学生中自我评价学习成绩越不好的，网络成瘾比例越高。认为自己"成绩较差"的学生中，网瘾者比例达到28.7%；认为自己"成绩一般"的学生中，网瘾者比例为14.5%；而自我评价"成绩很好"和"成绩较好"的学生中，网瘾者比例均在11%左右。另外，在"以玩网络游戏为主要上网目的"的网瘾青少年中，有38.1%参加过网络游戏公会，而这其中的72%认为"参加网络游戏公会后，上网时间增加"。

A2 在炫舞中寻找怀抱

　　梦梦今年11岁，上小学五年级，是个漂亮的小女孩，不爱说话的她却喜欢在网络游戏中跟人跳舞、聊天。

在炫舞游戏中，每天更换漂亮服饰载歌载舞，被大家赞美，梦梦很兴奋。她尤其喜欢游戏的聊天系统，遇到一个很合拍又很聊得来的男舞伴，与他分享自己的喜怒哀乐。结伴跳舞后还加了线下好友，每天都花大量时间跟这个舞伴玩游戏、聊天。最长有一天聊7个小时的记录。

曾经的优等生成绩断崖式下滑。家长会后，因为梦梦欠交作业、成绩班级垫底，梦梦妈妈被老师会后单独约谈。

妈妈和爸爸两个平时总吵架的人，都对梦梦的变化着急上火。他们一起跟梦梦谈话，要求她认真对待学习，少玩游戏。谈话时父母又争执起来，妈妈指责爸爸总不着家，不管孩子。爸爸发完火，又离家外出，说有业务公干。

梦梦很郁闷，心里盼着快点回到游戏中，穿上华丽的裙子狂歌劲舞，再和最好的舞伴朋友诉说一下受到的委屈。

　　文静的梦梦变得叛逆，在家和妈妈敌对，在校把老师的话当耳旁风。爸爸被妈妈叫回家几次，和梦梦的交流也不愉快。梦梦不愿意说话，爸妈无从下手，决定没收梦梦的手机。

手机被没收后，梦梦借同学手机联系上舞伴，一个邻校高一的男生。梦梦要求男生带她离家出走。

舞伴冒充成年人，把梦梦带进一个网吧，两人放开手脚打游戏，他们找到最开心的地方。

　　第二天下午，梦梦的爸妈、舞伴的爸妈和舞伴的宿管老师，一起在网吧找到这两个孩子时，他们的电脑前放着吃剩的泡面碗，夜里就租了两块毛毯在椅子上蜷缩着睡觉……

梦梦的心里话

炫舞游戏时，我最放松、最开心，更换各种漂亮的裙子，听好听的歌，跳快乐的舞，还能得到网友的赞美。舞伴是我最好的朋友，他才了解我，会安慰我，爸妈不知道我的想法，也不关心我的心情。我在炫舞游戏中得到的温暖，是冷清的家里没有的。

黑点探查

缺爱的孩子在网络中寻找温情

对于梦梦来说，炫舞游戏是她逃避现实、麻醉痛苦的"乐土"。学习成绩下滑，学校的压力，老师和同学的态度让她自尊心受伤。而更大的伤害来自家庭，父母婚姻濒临破裂让孩子受到复杂情绪的冲击：愤怒、负罪感、恐惧、怨恨、悲伤……内心极度缺乏安全感。父母之间的积怨，让孩子受到折磨，尤其是母亲对父亲的诋毁，一方面让孩子感到必须认可母亲，另一方面又让孩子希望与被诋毁的父亲加强爱的联系。这种矛盾不仅导致信任缺失，也加强了孩子的负罪感。据世界《网络成瘾临床诊断标准》制定者、网瘾治疗专家陶然对641名网瘾青少年的临床分析发现，76.3%的孩子家庭生活不和谐或父母感情不融洽。

梦梦迷上的炫舞游戏除了有华丽的服饰、美妙的音乐，还有极具吸引力的交流平台。网络聊天成瘾的主要对象是小学高年级学生和初高中学生，尤其是小学高年级和初中的女生。这个时期的女生进入青春期，对异性交往了解的愿望强烈。而游戏平台提供的游戏可虚拟"开房"跳舞，还可以虚拟"结婚""离婚"，对于女孩来说是诱惑，还有可能是陷阱。梦梦把游戏中结交的舞伴当作"男朋友"，寻找情感寄托和安慰。对于感受不到家庭温暖的女孩而言，网瘾是一个"坑"，早恋则是另一个"坑"。

A3 | 你打死我，我也要打完这盘游戏

阳仔今年14岁，正读初二，家里还有个10岁的弟弟。从小阳仔就是懂事的孩子，会帮大人做事，会带弟弟玩耍。阳仔爸爸的管教方式很严厉，阳仔从小不听话、做错事都会挨打。

父母对他期望很高，他小学成绩好，父母要求他进中学也要保持班级前10名。每次考试都让他很紧张。

初一下学期临近期中考时，阳仔担心考不好，焦虑地打电话要求父母接他回家。正在上班的父母没空，联系班主任处理。后来阳仔在学校心理诊室得到心理老师的疏导。

学习压力大，阳仔在游戏的魔幻世界里找到了暂时的解脱。在游戏里，他是神乎其技的"法师"，可以不断战胜阻挡前进的各路妖怪。

父母发现阳仔玩游戏的时间太长了，由一两个小时增加到三四个小时，周末如不被制止，可以打一天。作业则草草了事。

爸爸开始约束他，控制游戏时间。一个周末，阳仔不断要求给他玩一会儿游戏，爸爸答应最多玩两个小时。两小时后爸爸通知他到时间了，他要求再玩半小时，半小时后又要求延长半小时，第三个半小时后还不肯下机，爸爸火了，强行拔了电脑插头。

　　正在战斗关键时被中断的阳仔，跳起来和爸爸争抢电脑插头，爸爸给了阳仔一巴掌。个子已经和爸爸一样高的阳仔还手一拳头，把爸爸的眼圈打出瘀血……

　　父子冲突后，双方关系日益紧张。一争吵，爸爸就要揍他，妈妈每次都过去使劲拉住爸爸。爸爸骂他："你就是个废物！"

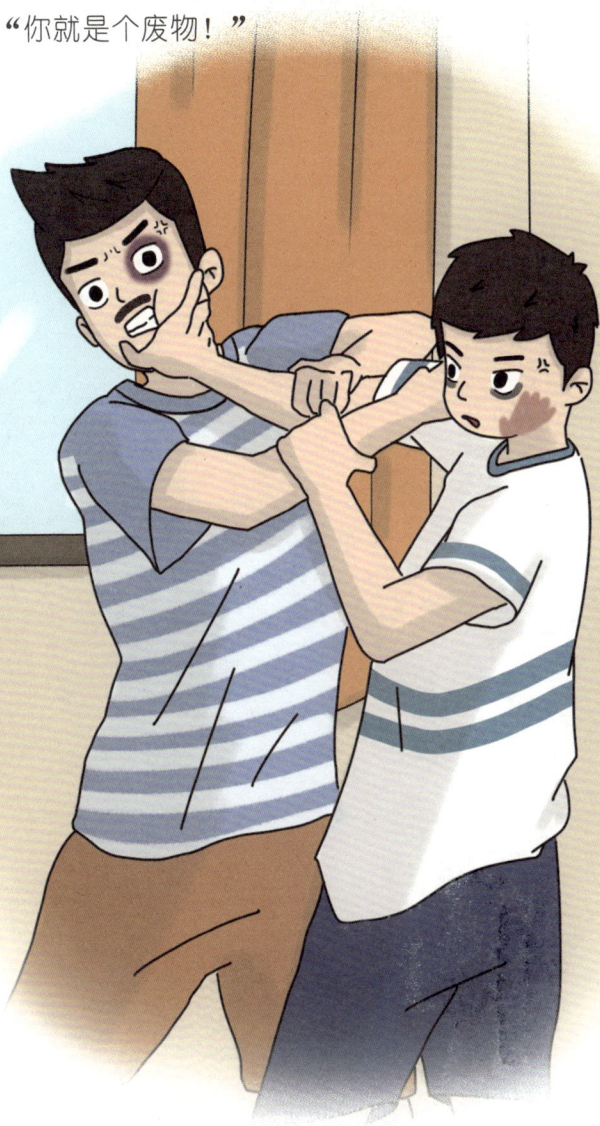

　　阳仔玩游戏的瘾越来越大，放学去朋友家、去网吧，回家越来越晚。

　　成绩没有起色，一到考试，阳仔就害怕得睡不着。父母给放了电脑的书房上了锁，阳仔半夜起来撬开门，偷偷进去打游戏……爸爸发现后冲进来给他后脑勺一巴掌，阳仔的手把住键盘，哭叫："你打死我，我也要打完这盘游戏！"

期末考试前，学校老师发现阳仔神情呆滞、动作机械，要求家长带他去看心理医生。诊断后，医生告诉家长，阳仔的抑郁症已达中度，必须服药治疗。学校建议阳仔休学治疗。

阳仔的心里话

爸妈的目标定得太高了，我永远够不着。网络游戏救了我的命，最痛苦、最难过的时候，打游戏让我暂时忘记现实的烦恼，获得快乐。游戏里的朋友理解我、安慰我，支撑着我活下来。

黑点探查

受创伤的孩子在网络中逃避现实

青春期的阳仔长得和大人一样高了，内心也渴望得到周围人，尤其是父母的平等对待。而阳仔家一直是过于严厉的压制式管教。学业困难无法克服、父亲的贬低和否定，自尊遭到严重打击，阳仔积攒了大量的自卑和愤怒，试图在游戏中寻求释放，而沉迷于游戏中的打打杀杀则强化了阳仔的暴力倾向。这个时期的青少年情绪一方面易烦躁，另一方面易忧郁，容易激动，发脾气，需要父母的悉心关爱、理解和帮助，这一切阳仔都没有得到，他出现抑郁症状就有因可循了。

阳仔家奉行老辈"不打不成器"的教育方式。那孩子究竟能不能打呢？心理学研究的结果是，幼儿的过错行为除非危及自己的生命安全，否则不能打。青少年犯错，需要有相应的惩罚，但仍不建议打。青少年尤其是幼童，心理不成熟，无法正确评估自己，被打会认为自己是坏孩子，容易产生自卑心理，造成心理创伤。严重的可能消极厌世，还有的会产生报复心理和攻击行为。

第二部分　黑板讲解

1

孩子为什么被网瘾"抢走"

互联网对世界的改变是革命性的。以计算机及其网络技术和现代通信技术为代表的现代信息技术，正以空前的速度向前发展，并以其他技术从未有过的深度和广度进入人类社会各个层面，对经济、社会产生巨大影响和改变。

电子世界让人类进入新型的生存环境。电子浪潮席卷下，孩子们对网络、信息、智能技术接受更快，习惯于电子阅读，善于从网络中获取信息，善于同时处理多任务信息。网络打开无比广阔的天地，激发人的求知欲和创造力。然而，网络也会袭击人类的脆弱，利用人性的弱点，让人依附、上瘾，成为网络的奴隶。20世纪90年代初，互联网进入中国。21世纪初，对于青少年的网瘾研究和治疗逐渐在中国兴起。对于未成年人，网瘾是堪比毒品的"电子海洛因"。

2

电子游戏如何让人无法自拔

十来分钟的游戏，赢了有奖励，输了还想再来一盘；十几秒钟的短视频，根据你的喜好推送，让你即刻感觉开心……你得到的快感来自多巴胺的奖励。人体大脑内的多巴胺有刺激愉悦、调节情绪、影响认知的作用。任何上瘾行为都能升高体内多巴胺水平，令人兴奋起来。当然，这种快乐来得快去得也快，为了避免之后剧烈的沮丧感，上瘾者就会不断强化上瘾行为来刺激多巴胺的分泌。

网络游戏的设计原理就是加入更多能触发多巴胺释放的功能，使玩家难以自拔。网络游戏不断收集玩家的信息，寻找驱动玩家不断游戏的数据点，根据这些触发点设计、改进游戏程序。据说最大的在线游戏制造商已经积累了其玩家数十亿的数据点，根据这些数据点构建的虚拟世界赋予玩家创造奇迹、赢得喝彩、实现某种人生价值的意义，这就是游戏企业的算法逻辑。"电子游戏里充满了奖赏，让人沉浸在一个美梦成真的世界里，这样逃避现实的多巴胺就可以享受无尽的可能性"，《贪婪的多巴胺》一书中有如是阐述。

壮阔华美或惊险刺激的多媒体效果、充满挑战和奖励的游戏环节，这些固然令人着迷，而更让人沉溺的是游戏对人性的挖掘，比如对破坏欲的满足、对求胜心的满足、对虚荣心的满足……很大程度是对传统意义上人性之"恶"的挖掘和满足。即时满足的欲望刺激多巴胺的分泌，带来强烈而短暂的快乐，让人欲罢不能，而且得到后还想要更多，越"嗑"越上头。

3

孩子成瘾有三个方面的心理缺失

无处不在的网络，人手一部的手机，让"便捷性"这个成瘾的关键因素达成得如此容易。而未成年人网络成瘾的深层根源在于心理缺失，这些人生的空缺往往是难以填补的，成瘾者只能用重复和强迫的网瘾行为来填补。

网瘾孩子普遍有什么样的心理缺失？中国科学院心理研究所心理咨询与治疗中心主任高文斌博士研究发现，当代中国青少年在成长中不同程度地存在三个方面的心理缺失：

一是父亲角色的缺失。父亲对于青春期孩子的成长是很重要的，父亲代表着规则和秩序，孩子自控能力的形成和父亲的作用有很大关系。但是现在很多家庭中，父亲角色缺失，比如有的离异家庭，孩子跟妈妈生活；有的家庭表面完整，但父亲很少在家，总在外忙碌。代表权威的父亲对于男孩成长意义重大，这从某种角度解释了网络成瘾者大多是男孩的原因。

二是游戏的缺失。青春期的孩子需要游戏，只不过他们需要社会角色丰富的游戏，需要有象征意义的游戏帮助他们长大。现在学校特别是中学，体育活动不仅少，而且男生活动时间和内容都满足不了他们的需要。男生是需要在游戏中有一定的肢体接触，甚至肢体冲突的。当现实无法满足时，他们就会去寻找替代品，这也是很多男生迷恋战斗游戏的原因。

三是同伴的缺失。同伴是青春期孩子由家庭走向社会的桥梁。中国独生子女多，家庭内没有同伴，学校短短的课间很难发展出高质量的同伴关系。新的城市社区、居民的异质性、安全问题考量等，都不利于孩子发展同伴关系。这时候网络就给青少年提供了呼朋引伴的便利机会。

在网络中，有游戏，有同伴交往，又能获得成就感，正好弥补了这三个方面的缺失，所以更容易吸引孩子。

与此同时，当前未成年人均感受到巨大的学业压力。据国家文化和旅游部近期的一次调查数据，青少年网游目的依次为：减少学习压力（30.8%）；让我不去想不开心的事（26.9%）；游戏做得很精致，人物很漂亮（9.9%）；游戏玩得好，觉得自己很厉害（5.5%）。未成年人普遍存在以上三个方面的成长缺失，并且背负应试教育的学业压力，加上心智不成熟，自控能力弱，好奇心强，各种因素耦合作用，一些孩子就被吸进了网瘾的"黑洞"里。

4

易成瘾人群特征

根据中国人民解放军总医院成瘾医学中心的分析统计，网络易成瘾的未成年人有以下几种：

一是厌学、辍学者。这类人群缺失的是成就感，他们在网络中想发出的声音是"我要战胜所有人！"。

二是人际退缩者。这类人群缺失的是同伴和友情，他们在网络中发出的声音是"我不和网友聊和谁聊？"。

三是与父母、老师敌对者。这类人群缺失的是情感交流，他们在网络中发出的声音是"父母除了知道让我学习，还能让我干什么？"。

四是认为生活单调的简单思维者。这类人群缺失的是兴趣爱好，缺乏体育锻炼，他们在网络中发出的声音是"我不玩游戏玩什么？"。

五是感到生命无意义者。这类人群缺失的是人生目标，他们对生活、对生命没有感受力和领悟力，他们在网络中发出的声音是"无聊""没劲""无所谓"。

5

易成瘾高危时间点

相关研究显示，未成年人网络成瘾有几个高危时间点：

1. **孩子刚接触网络的时候。**大量网瘾青少年就是在接触网络不久沉迷入坑的。

2. **初一、高一、大一，学业转折时期。**环境的变化、学业压力的骤然加大或骤然释放，都是孩子染上网瘾的危险期。

3. **周末、寒假、暑假等假期。**这些未成年人"放羊"的较长时间里，不少孩子就在无监控状态下信马由缰而沉迷于网络。

4. **在家上网课期间。**2020年以来，疫情的反复导致中小学生在家上网课的时间增加，给自制力差的孩子沉迷网络带来了更多的"机会"。

第二章

不完美的父母

第一部分　黑故事B面

　　打开一扇扇家庭的大门，探视孩子成长环境中种种欠缺的情感需求、日常生活中种种隐秘的心理状态，我们发现，三个"小网迷"的家长都在不知不觉中培育着"网瘾"这个怪物栖身的土壤。

B1 成功的爸爸和鸡娃的妈妈

　　小庆的家庭是通常意义上的城市中产家庭，爸爸是一个成功创业的公司老总，妈妈做的是一份轻松的闲职。爸爸早出晚归，妈妈则把主要精力用来照顾小庆。爷爷奶奶也宠爱孙子。

  家里经济条件好，小庆每个假期可以出外旅游，日用品、衣服都是品牌，每餐饭菜都按照他的喜好准备。

  小庆长这么大连水果都没洗过，吃水果都是妈妈切好放盘子里端过来的。

　　妈妈对小庆交友有严格的要求，周末也安排了各种校外辅导。小庆和伙伴玩的时间很少。上中学后，妈妈过问小庆的同学和朋友时，小庆开始不高兴，不愿意听妈妈的意见了。

沉迷网络游戏之后，小庆的叛逆更严重了，顶撞妈妈，连学校老师的话也听不进去。

　　妈妈管教不了小庆，早出晚归的爸爸登场。几次谈话效果都不佳，管理上百人企业的爸爸失去了耐心，怒斥道："你怎么不能像我一样刻苦上进？我怎么会有你这样的儿子！"

黑点探查

不平等的爱是带刺的爱

小庆的父亲事业有成，是个"工作狂"。在社会上拥有成功人士形象的他，在家庭中却未必成功。对孩子关爱不足，沟通不得法，导致小庆欠缺父爱。小庆父亲属于自恋型人格，教育孩子时表现出对孩子的轻视，对小庆的自尊心打击极大，让他逐渐失去自信心。

小庆母亲对孩子的过度干预，则是控制欲的表现。包办孩子的生活，限制孩子与同伴交往，通过孩子对自己的依赖来体现自我存在感。母亲的过分保护和支配，会使孩子尤其是青春期的孩子产生焦虑和敌意，形成相互敌对的依赖关系。在这个家庭中，父母双方均需要内在的成长。父亲需要在日常生活中承担家庭责任，平等地和孩子沟通，弥补仅在物质上满足而在情感上匮乏的父爱。母亲则需要处理好自我价值感问题，控制自己过多关注和过分保护孩子，让孩子有独立自主的成长空间。

同时家长需要明白，当自己以学习为名限制孩子诸多自由时，其实正在削弱孩子对学习的兴趣，比如剥夺孩子的交友自由，让孩子上过多实际上在消灭兴趣的"兴趣班"。

B2 | 缺位的爸爸和唠叨的妈妈

　　梦梦的父母关系很差，在梦梦还小时，两人就闹过离婚。顾忌到孩子，因此一直拖着。

后来，爸爸以工作为由，经常不回家。妈妈在家里对着梦梦，经常指责她的爸爸，还会说"要不是因为你，我早就离婚了"的话，给梦梦带来很大压力。妈妈的低落情绪也经常影响到她。

　　妈妈把梦梦当作人生的希望，在对她照顾周到的同时，对她的学习成绩有很高要求，一旦没考到好分数，妈妈就会生气数落。她反对梦梦玩游戏，自己却沉溺于网上购物、网上追剧，每天对着手机、电脑的时间也不少，对孩子教育的说服力不强。

　　爸爸与梦梦的日常交流本来就少，虽然物质上都满足梦梦，但没有足够的时间和耐心去了解和陪伴梦梦。梦梦离家出走后，爸爸的气一直没消，电话里训斥道："就是从小舍不得打你，我看你就是欠揍！"

黑点探查

缺爱的家是贫瘠的家

梦梦家庭中父母关系持续恶化，家庭成员之间缺少爱的表达，家庭气氛沉重压抑又冷清，对孩子的情感需求极为忽视。

梦梦的父亲对夫妻关系不满，经常性离家不归，对孩子会造成被遗弃的心理。由于父亲感情投入太少，梦梦处于父爱缺失的状态。心理学研究发现，如果孩子在成长过程中缺乏父亲的影响，男孩容易变得女性化，而女孩容易出现早恋或者依恋年长男性的倾向。没有得到足够父爱的孩子容易出现焦虑、任性、依赖、自制力弱等问题，心理学家称之为"父爱缺乏综合征"。患有此症的个体成年后出现心理、精神障碍的概率偏高，而且在处理两性关系和婚姻问题时也容易出问题。

梦梦的母亲过于沉浸自己的情感困扰，她对梦梦父亲的过多非议使孩子陷入矛盾和自责中。同时她将自身的希望寄托于孩子身上，以分数作为评定孩子价值的标准，让孩子进一步觉得缺乏亲情的爱护和真正的肯定。母亲自身的困境让她的行为出现偏差，对孩子的态度是既过于关注又毫无用心，过于关注的是孩子是否符合她的要求，毫不用心的是未关注到孩子的真实意愿和情感需求。

任何以孩子之名维持的婚

姻，都会对孩子产生极大的伤害，这样的家庭甚至比离异家庭更不利于孩子成长。父母无法给孩子提供稳定且必要的支持，也无法满足正在成长中的孩子的心理需求。当孩子在网络中寻求温暖和归宿时，父母就必须正视自身的问题了。

父母双方均需向内审视各自的情绪问题，理性处理糟糕的婚姻关系，妥善解决家庭的现实问题。一个家庭需要一对关系良好的父母，并且父母能够给孩子提供稳定的情绪价值，才有可能给孩子一个温暖和安全的家。

B3 | 严厉的爸爸和摇摆的妈妈

　　阳仔爸爸从小县城来到大城市打拼，成家立业，是家庭的经济支柱。爸爸对阳仔主张严格教育，不合意时斥责、动手是常事。妈妈对阳仔打小偏爱，在爸爸生气恼火时会护着孩子。

爸爸忙于做生意和应酬，妈妈有空常去邻居家串门，或在家里打麻将。因为阳仔"懂事"，父母一度忽略对他的管理，阳仔玩游戏上瘾到一定程度才被察觉。阳仔惧怕考试，给父母打电话求助说要回家时，他们都说自己很忙，对孩子的畏惧和焦虑没有一丝感觉。

　　阳仔爸爸因为自己没有上过大学，特别希望阳仔能好好读书。阳仔成绩好的时候，父母都开心，但又会给他提出新的要求。阳仔成绩下降后，尤其是沉迷游戏后，父母表现得很失望，一方面对他更严厉，另一方面把感情更多地寄托在听话的小儿子身上。

　　父子冲突之后，爸爸的愤怒还是无法消除。他要求阳仔道歉，但阳仔不肯，僵持中几乎动手，又是妈妈拉住爸爸，让阳仔去邻居家避一避……

妈妈在爸爸教训阳仔时，是站在爸爸这一边的。只有爸爸动手时，她才会护住阳仔，害怕孩子受伤。对阳仔来说，妈妈实际上也保护不了自己。

黑点探查

好孩子不是"打"出来的

这是崇尚严厉家长制的家庭。对孩子有过高要求，极少正面表扬和认同孩子，父亲时常对孩子实施语言和身体暴力。家长缺乏科学的养育知识和技能，与孩子之间缺乏有效的情感交流，家庭内部缺乏稳定感。

父亲本人对情绪欠缺控制力，对愤怒缺乏理性和恰当的处理，对孩子的惩戒简单粗暴，然而强制服从的教育方式并无效果，反而会在孩子青春期起反作用。父亲首先要解决的是自身的暴力倾向，内心的自卑、脆弱、空虚往往是暴力行为的根源；其次是改变教育方式，学习欣赏孩子的长处，倾听孩子内心的想法，融洽父子关系。

母亲在家庭里属于从属地位，基本依从父亲的权威。她对孩子时而偏爱、时而指责，她不明白"身教重于言教"的道理，比如沉迷于打麻将，就会让儿子对她的指责不屑。母亲的摇摆加上父亲的高压，容易让孩子产生心理冲突，难以形成统一的是非观、价值观。心理学理论认为，儿童期心理健康发展很重要的一条是"建立安全感"，需要至少有一个人可以给予孩子保护和关爱，才能让他获得稳定的安全感。

第二部分 黑板讲解

父母别把孩子推向网络

当我们打开故事的B面，发现的是一群不完美的父母。网瘾病症在孩子身上，而病根可能在家庭内部、在父母身上。有研究表明，家庭功能失调是造成和维持青少年网络成瘾症状的重要因素。在对未成年网瘾者进行心理治疗时，医生往往会探究网瘾者家庭深层次的关系结构和家庭成员之间因此形成的幽微心理状态，要求父母共同接受治疗，将家庭作为治疗的整体单位。

国内对青少年网瘾的相关研究表明，控制型、溺爱型、忽视型、严厉型家庭模式下成长的未成年人，更容易染上网瘾。

控制型

　　父母对孩子的行为过度干涉，要求孩子按自己的设计和要求发展。有的家庭则把学习成绩看成唯一的评价标准，除了做功课、上兴趣班，孩子交朋友、玩游戏等一切活动都严格限制。孩子往往早期服从，青春期后可能突然爆发，不听从家长管束。控制型家庭中，以母亲控制居多，父亲常常在孩子教育中处于缺位状态。

溺爱型

　　这类家庭以独生子女家庭居多，家里满足孩子一切物质要求，对孩子行为习惯规范不足，包办孩子应负的责任，养成孩子以自我为中心，自私，缺乏责任心等性格。进入青春期后，孩子往往更为任性，行为出现更大偏差。

忽视型

这类家庭有的是单亲，有的是父母感情不和，有的是父母外出谋生或者工作繁忙，孩子在亲情上有所缺失，对家庭缺乏安全感和归属感。青春期后，当孩子出现问题时，父母基本管不了，一旦要管，孩子可能会采取强硬态度和父母对抗。

严厉型

这类家庭容易出现暴力行为，父母秉持"不打不成器"的教育观念，以打骂手段管教孩子。这类家庭中的孩子，倾向欺负弱小，撒谎，不自信，没有正确的是非观。而棍棒教育下长大的孩子往往自身也有暴力倾向。父母应该了解，对孩子过度严厉或溺爱，都是父母对自身状况的不满和对生命焦虑的情绪反应。

对未成年网瘾者的家庭调查发现，缺位型父亲、控制型母亲，这两类家长比较多见。

缺位型父亲过于投入工作、忽略家庭，淡出家庭教育，在情绪上对孩子表现得急躁和缺乏耐心。这样的父亲需要在社会角色和家庭角色之间分配好时间和精力，做好自我调适，不要将社会角色的压力带回家传导到孩子身上。同时切实承担起父亲的责任，掌握有效的教养方式，学会以平等、尊重的态度和孩子沟通，在有效对话中达到教育的目的。

控制型母亲则自满于孩子和家庭对自己的需要，将自我价值和安全感寄托在对子女过于"无私"的照顾和管控上，失去边界感。这样的母亲需要努力把注意力从孩子身上撤回到自己身上，关注自我真实需求，发展自我需求，学会一步步地与孩子分离。

世上没有完美的人，也没有完美的父母。高速发展的电子科技时代，孩子快速成长，父母也需要自我成长。当问题出现时，父母应该持有自省的态度和能力，能够理性地、客观地探查家庭内部矛盾，清醒察觉、承认自身弱点，努力纠正自己的行为偏差。以爱为前提，在平等、尊重的基础上，和孩子建立起良好的亲子关系。

一个健康温暖的家庭，才是比繁华却虚幻的网络更有吸引力的地方。

第三章

爱的魔法打败电子魔法

黑故事C面

要帮助深陷网络的孩子，父母自身的改变和付出是战胜网瘾的利器。小庆、梦梦、阳仔三个孩子的父母，用不懈的努力帮助孩子挣脱网瘾，爱是最大的"魔法"。

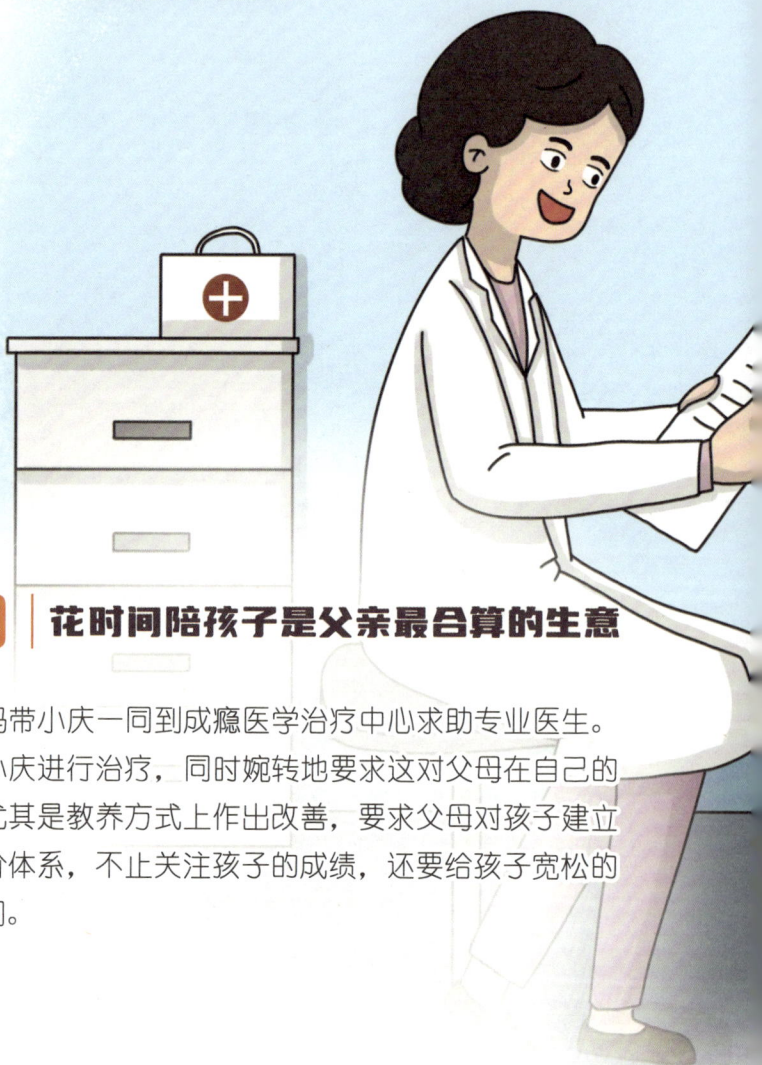

C1 花时间陪孩子是父亲最合算的生意

爸妈带小庆一同到成瘾医学治疗中心求助专业医生。医生对小庆进行治疗，同时婉转地要求这对父母在自己的行为，尤其是教养方式上作出改善，要求父母对孩子建立多维评价体系，不止关注孩子的成绩，还要给孩子宽松的生活空间。

　　小庆爸爸对自己的时间分配做了调整，将之前大部分用于工作的精力，更多投入家庭中，确定一周至少有3天在家吃晚饭，周末至少有一个下午专门陪伴儿子。

　　小庆妈妈让小庆自主选择兴趣班，同意他不再上不愿学的钢琴课。生活上改变时刻紧盯的态度，让他管理自己的房间。放学给他玩耍的时间，周末允许他邀请小伙伴来家里玩，也可以去同学家玩几个小时。

　　爸爸每次回家吃饭，都和小庆聊天，以朋友的态度倾听小庆的喜怒哀乐，不再急着评判和教导。周末不再是小庆孤独学习钢琴的日子，爸爸会抽出一整个下午，陪小庆去打篮球或羽毛球，小庆在篮球场认识了新朋友，十分高兴。

在父母有意识的陪伴中，小庆的优点逐渐被发现，如机灵，反应快，有团队精神，能吃苦……爸妈的表扬有的放矢。爸爸还向小庆请教游戏打法，小庆感受到被重视和赞赏。在和小庆聊天时，爸爸有计划地组织话题，和小庆讨论游戏内容和人物，耐心引导小庆明白一个道理：游戏是用来让人消遣娱乐的，而不是用来证明自我价值的，虚拟的游戏结束时一切都是一场空。

　　小庆下了戒掉网瘾的决心，在电脑上贴上了"宣战书"。在专家指导和父母协助下，使用"递减法"断瘾。刚开始规定每周上线玩3次，随后逐步递减，到每周1次。5个月后，基本控制住，玩一两个小时后可以自觉下线关机。生活的丰富、父母的接纳、朋友的交往，让他更有兴趣在现实世界中做自己，注意力也回到了学习中，学习自觉起来了。

爸爸的话

　　放下很多工作上的事，陪伴孩子，有同行说是牺牲，但我觉得特别值，而且我还后悔这个陪伴来得有点晚了。成长是孩子一生的事，如果能用几年时间换取孩子健康成长，这是多么划算的事，多少钱都换不来。

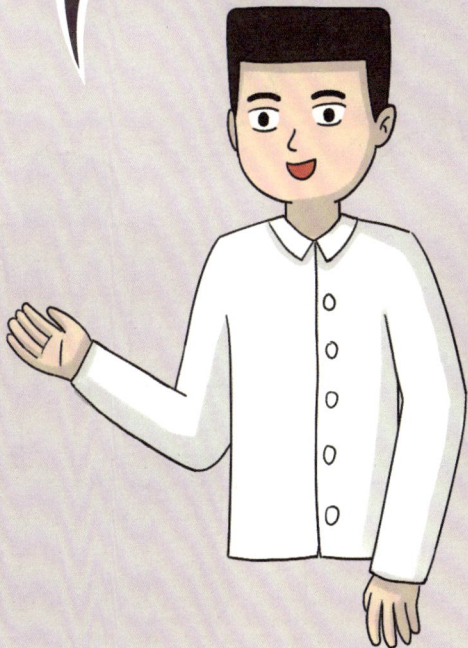

C2 | 父母托举的孩子会发光

梦梦的离家出走，惊醒了深陷于感情矛盾中的父母。学校的心理老师跟家长和孩子分别谈话，对家长谈到家庭关系对孩子心境的影响，还有父亲对青春期孩子的重要性。提醒他们，冷漠的家庭环境将让他们的孩子逃到网络中，甚至逃到更危险的地方。

梦梦父母认真地商讨了婚姻关系，在作出进一步决定之前，先放下彼此的心结，调整好身为父母的状态，优先照顾好孩子。

　　爸爸按时回家，他买了很多书籍，有儿童心理学、教育心理学方面的书。吃完饭，陪伴梦梦学习时，爸爸都在看书，妈妈也放下看剧、购物的手机，和孩子一起看书，家里慢慢形成读书的氛围。妈妈把对分数的关心转变为对梦梦生活的关心。周末，爸爸妈妈带着梦梦郊游、观展，梦梦再次感受到爸妈的疼爱。

　　爸爸每天都抽时间和梦梦说话，询问她在学校的情况，关心她的喜怒哀乐。看似不经意的对话，其实爸爸每次都提前构思了谈话提纲，准备谈话内容，慢慢让梦梦明白虚拟和现实的差距。在和爸爸的对话中，梦梦得到很多安慰、鼓励和启发。

等奖

一

　　梦梦有跳舞特长，是学校舞蹈队成员。班主任老师把学校元旦联欢会班级舞蹈的编排和组织工作交给梦梦。课余时间梦梦带着小伙伴忙得不亦乐乎，妈妈也热心帮忙准备服装头饰。他们的舞蹈在联欢会上得了二等奖。爸爸妈妈为此感到十分骄傲，为梦梦举办了庆功宴。

　　对于游戏，爸妈没有强行制止，只是要求控制时间。爸妈帮助梦梦制定了学习、娱乐、休息、上网等内容的作息制度，每次上网规定时间，时间一到，小闹钟响起，梦梦就离开电脑。

　　对于梦梦的"舞伴"，爸爸带着梦梦请他一起吃饭，和他交朋友，鼓励他好好读书。大人的宽容和友好，让逃学、离家出走的两个孩子很惭愧，也答应收心学习。

妈妈的话

我跟梦梦爸爸有矛盾，但爱孩子的心是一样的，父母的责任大于自我需求，所以能放下我们之间的不和，先顾全孩子的成长。我曾经把自己的希望都寄托在孩子身上，对孩子抱怨孩子的爸爸，自己也是重度手机依赖者，这些都是我在努力矫正的错误。梦梦爸爸正在尽力弥补孩子缺失的父爱，不管今后我们的关系怎样，他的付出，我都感激。

C3 | 被尊重的孩子获得挣脱网瘾的力量

　　父母把阳仔送到成瘾医学治疗中心接受心理治疗。按照医生的要求，父母也定期参加家长课堂学习，接受团体治疗、家庭治疗。父母已经清楚地认识到，儿子的网瘾问题根源在家庭。

　　阳仔同时接受成瘾和抑郁的治疗，在医生帮助下寻找自我价值，他努力对自己进行调整，反思自己对学习的认识、对父母的看法。

　　在这个过程中，阳仔的爸爸发生了很大的变化，愤怒之后的反省，让他意识到"棍棒教育"是没有用的，要从情感上理解孩子，原来执着要求儿子下跪道歉的父亲想到了宽恕。父母都表现出渴望改善和孩子之间关系的愿望。

　　4个月住院治疗结束后，父子对彼此的态度都发生了变化。态度强硬的阳仔爸爸变得温和很多，当儿子真诚道歉时，父亲也反思了自己过去喜欢动手打人的行为；前所未有地向儿子道歉。

　　阳仔还需要继续治疗，需要家庭长期的支持。他从逃避现实的网络堡垒中迈出了通往现实的脚步，父母的关爱就是牵引他的力量。在逐渐戒掉网瘾的过程中，父母不再急于求成，而是用耐心和关心温暖他。爸爸待在家里的时间多了，和阳仔说话的态度转为平等的、商量的。他周末常带着一家人去郊游，带着阳仔两兄弟去踢足球。妈妈对打麻将的兴趣大为减少，把注意力转移到儿子身上，细心观察儿子的需要。感受到家庭温暖的阳仔渐渐活泼起来。

阳仔生日那天，妈妈准备了阳仔爱吃的大餐。吹灭生日蜡烛许愿后，爸爸给阳仔送上一份生日礼物。阳仔打开盒子，喜极而泣，这是他梦寐以求的机械无人机啊！

从初二参加一次课外活动了解到无人机后，阳仔就特别想拥有和学习操作。爸爸竟然读懂了他的心，阳仔感动了。他不知道爸爸借他同学的手机悄悄看完他屏蔽父母的微信朋友圈，从中发现了他的愿望。

　　阳仔重新回到学校，虽然服药让他上课精神受到一些影响，学习也有压力，但他愿意主动和父母交流了，愿意主动向爸妈说一些心里话，也会向学校老师求助。他写了一封"决心书"，立志戒掉网瘾。在宽松的家庭环境中，他上网的时间反而越来越少了。学会控制的阳仔，感受到了自己对网络另一种更强大的掌控力。

爸爸的话

我是被父母打骂着长大的，以前没想过这个办法不能用在自己孩子身上。经过这些折腾才明白自己的教育方法错了，孩子和自己都痛苦。虽然孩子是我生的，但他从来就是一个独立的人，他越长大越需要家长的肯定和认同。只有平等和尊重的前提下，孩子才会接受父母的意见。我也上了沉重的一课。

第四章

正视网瘾

第一部分　黑知识

网瘾的界定

　　世界卫生组织（WHO）将网络成瘾定义为：由于过度使用网络而导致的一种慢性或周期性的着迷状态，并产生难以抗拒的再度使用的欲望；同时会产生想要增加使用时间、耐受性提高、出现戒断反应等现象，对于上网所带来的快感会一直存在心理与生理上的依赖。国家卫生健康委员会发布的《中国青少年健康教育核心信息及释义（2018版）》对"网络成瘾"的定义是：在无成瘾物质作用下对互联网使用冲动的失控行为，表现为过度使用互联网后导致明显的学业、职业和社会功能损伤等问题。其中，持续时间是诊断网络成瘾障碍的重要标准，一般情况下，相关行为需要持续12个月才能确诊。

　　"网络成瘾"最早于1994年由美国心理学家伊万·戈登伯格提出。2008年我国北京陶然团队组织论证的《网络成瘾临床诊断标准》，初步确认了网瘾"6小时"（日均非工作上网时间）、持续时间标准超过3个月的标准，这是我国第一个获得医学界认可的疾病诊断标准。另有研究指出，每周非工作上网时间超过38小时就可以诊断为"网络成瘾"。

非工作日均超 **6小时**　　每周超 **38小时**

网瘾的主要类型

1. **网络游戏成瘾**。这种网瘾发生比例较高，而且是最难治疗的成瘾行为。

2. **网络信息成瘾**。过度摄取网络信息，无法控制对微博、微信、视频或特定信息的浏览欲望，不断刷新、搜寻。

3. **网络关系成瘾**。上网的目的就是发展在线关系，很快形成和终止在线关系，一有机会就会发展现实关系。

4. **网络强迫**。过度通过网络完成其他目的性活动，如网络购物、网络交易、网络赌博等。

5. **网络小说成瘾**。沉迷于玄幻、言情等网络小说，难以割舍。

6. **网络性成瘾**。沉迷于网络图、文、视频的色情信息。

网瘾对未成年人的主要危害

被称为中国第一家网瘾治疗机构的中国青少年成长基地，收治了上万名网瘾青少年。该基地主任、中国人民解放军总医院成瘾医学治疗中心主任陶然表示："大量的实例表明，即便网瘾青少年完成了戒除网瘾的治疗，网瘾给孩子带来的身体、精神方面的伤害也将是终身的。"

一、身体危害

据介绍，在上述基地接受治疗的网瘾青少年，90%都精瘦单薄，体重不达标，体质虚弱。上网时间过长，身体长时间处于固定状态，易造成正在生长的少年儿童近视、颈椎劳损等；饮食和睡眠规律被打乱，导致发育受阻、身体虚弱。更大的危害是对大脑的损伤，很多实证研究显示，沉迷网络对脑岛、前额叶、杏仁核区域均会造成损伤，影响多巴胺、褪黑素的分泌，对未成年人的脑部造成不可逆的损伤。

二、心理危害

相关科研表明，长期沉迷于电子产品除了影响孩子的智力发育，最重要的影响体现在对孩子心理发育造成伤害。沉迷手机其实很大程度上干扰了青少年的社会化进程，养成与周遭的现实社会形成隔离的"空心人"。过度沉溺于网络虚拟角色，迷失自我，产生角色混乱；对现实生活的人和事丧失兴趣，情感淡漠，和亲人、朋友交流减少，自我封闭，可能形成退缩型人格障碍；在虚拟网络世界中寻求对现实挫折的安慰，逃避现实，对人生没有责任感，甚至消极厌世，严重的可能导致丧失社会功能，连成年后的生存都成问题。

三、道德危害

沉迷网络，失去现实理想和追求，荒废学业，浪费青春；受网络传播的虚假、歪曲的思想意识和价值观影响，形成消极或扭曲的观念，导致人格异化，不利于塑造正确的人生观和健康人格；被网络中充斥的色情信息、暴力内容吸引，失去道德感、正义感，甚至人类情感，表现出极端自私、漠视他人、无视社会规则的状态，严重的甚至走上犯罪的道路。根据陶然团队的调查，大约86%的网瘾青少年对亲人采取过暴力手段。

网瘾自测：你是否健康上网

与其他心理疾病一样，网瘾也可以通过专业的诊断量表进行诊断。对照下面介绍的常用网瘾诊断标准，父母可以自行对孩子是否染上网瘾进行科学判断。

一、金伯利.S.杨网瘾自测十条标准

美国心理学教授金伯利.S.杨的网瘾自测十条标准为目前国内外广泛应用的网瘾测试和诊断标准，可作为成年人网瘾诊断标准，也可以用于未成年人。

（1）思想被网络占据，下线的时候也在想着网上的事情。

（2）需要不断增加上网时间才能获得满足。

（3）无法控制自己使用网络的时间。

（4）当试图切断或中断连线时，会变得烦躁而易怒。

（5）通过网络来逃避问题，或是释放无助、罪恶、焦虑或忧郁等情绪。

（6）向家人或朋友撒谎，隐瞒自己上网的频率和时长。

（7）因使用网络而导致重要的人际关系、工作、学习和职业机会等受到损害。

（8）即便已经知道自己花费了太多费用在网络上，仍然无法退出。

（9）下线后会产生戒断症状，例如沮丧、忧郁、易怒等。

（10）上线时间总是超过预先计划的时间。

对照上面十条，每个描述符合自身情况得1分，总分在5分及5分以上，就可以怀疑已经染上网瘾。

二、国内未成年人网瘾自测表

针对我国青少年网络使用状况，青少年心理健康专家徐亚灵对上述量表进行细化和修改，定名为"上网入迷程度自测表"，有意避开"网瘾"二字，避免测试孩子产生抵触心理，方便家长用此表给孩子测试。（内容详见P149）

第二部分　黑数据

1.91亿名"小网民"，19.5%的未成年人网民自认依赖网络

2022年11月30日，由共青团中央维护青少年权益部、中国互联网络信息中心共同发布的《2021年全国未成年人互联网使用情况研究报告》（以下简称《报告》）显示，2021年我国未成年网民规模达1.91亿名，未成年人"触网"低龄化趋势明显。当前我国未成年人互联网使用情况存在以下特点：

一、未成年人网络普及率提升，"触网"低龄化趋势明显

2020年，我国未成年网民规模（注：本次调查对象为18岁以下小学、初中、高中、职高、中专、技校在校学生，不包括6岁以下群体和非学生样本）达1.91亿人，未成年人互联网普及率达96.8%［注：根据国家统计局《中国统计年鉴2021》数据，全国普通小学、初中、普通高中和中等职业教育（不包含成人教育）人口共1.97亿人］，较2020年提升1.9%。同时，2021年我国小学生互联网普及率达95%，较2020年提升2.9%，未成年人"触网"低龄化趋势明显。

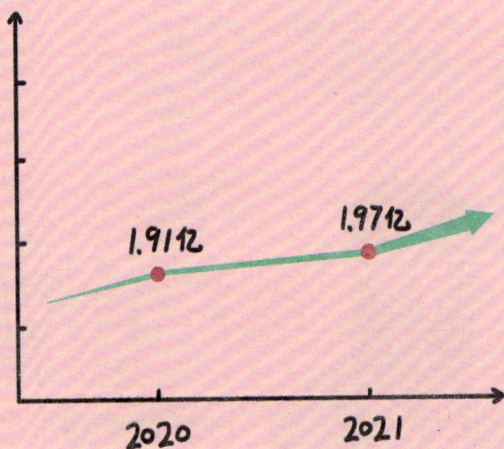

1.91亿

1.97亿

2020

2021

二、未成年人网络使用存在城乡差异

2021年我国城镇未成年人互联网普及率为96.7%，农村未成年人互联网普及率为97.3%；小学阶段，城镇未成年人互联网普及率比农村高0.8%，初中开始，农村未成年人互联网普及率略高于城镇。网络使用上存在明显差异，主要表现为农村未成年人上网设备相对单一，长时间上网情况更突出，使用休闲娱乐类应用比例较高，使用学习资讯类应用比例较低。

三、未成年人手机上网比例超9成，19.5%的未成年网民自认依赖网络

数据显示，未成年网民中使用手机上网的比例为90.7%，使用智能台灯、智能音箱和词典笔等新型上网设备的比例分别为21.7%、19.9%和16.4%。未成年网民中，拥有属于自己的上网设备的比例为86.7%，较2020年提升3.8%。从上网时间来看，66%的未成年网民工作日日均上网时长在半小时以内，51.8%的未成年网民节假日日均上网时长在1小时以内；工作日日均上网2小时以上的比例为8.7%，节假日日均上网在5小时以上的比例为9.9%，较2020年均有2%~3%的下降。

未成年网民中，认为自己非常依赖或比较依赖互联网的比例为19.5%，较2020年下降0.1%；认为自己对互联网没有依赖心理的比例为42%，较2020年提升3.3%。

四、视频平台成为获取信息重要渠道，对价值观塑造的影响值得关注

未成年网民经常在互联网上看短视频的比例为47.6%，较2020年下降1.7%。接近半数未成年人通过短视频、视频平台获取社会重大事件信息。38.3%的未成年网民在上网过程中遭遇过不良或消极负面信息，其中占比最高的是炫耀个人财富或家庭背景，宣扬不劳而获、躺平等消极负面的内容，对未成年人世界观、人生观、价值观的影响不可小觑。

五、未成年人上网学习比例为88.9%，玩游戏比例有所下降

未成年网民中，经常利用互联网进行学习（包括利用互联网做作业、复习、背单词、在线答疑、网上课程学习等）的比例为88.9%，较2020年下降1%。

未成年网民中，经常在网上玩游戏的比例为62.3%，较2020年下降0.2%。经常参与网上粉丝应援行为的比例为5.4%，较2020年下降2.6%。

六、设置过青少年模式的学生、家长均不足五成

《报告》显示，91.2%的家长会对子女进行一定程度的网络安全教育，84.6%的教师表示学校为学生设置了网络安全教育课程。未成年网民中，设置过青少年模式的比例为48.2%；给孩子设置过青少年模式的家长比例为47.3%。未成年人游戏账号管理趋于严格，但有31.9%的未成年网民使用家长账号玩过游戏。

《报告》指出，青少年模式在帮助未成年人减少网络依赖和网络不良信息影响方面发挥了较为积极的作用。在设置过青少年模式的未成年网民中，认为自己非常依赖或比较依赖互联网的比例为12.6%；而没设置过该模式的未成年网民中，这个比例为31.1%。

此外，未成年网民中，认为自己在过去半年内遭遇过网络安全事件的比例为25.5%，较2020年下降1.7%。未成年网民中，对网络权益维护或举报具有一定认知的比例为79.8%，较2020年提升5.7%。未成年网民中，会关注未成年人上网相关新政策新法规的比例为66.3%。

七、家庭对未成年人上网影响重大，提升家长网络素养实有必要

54%的家长要求孩子的上网行为必须在自己的监督之下，79.7%的家长会与孩子进行约定，并允许孩子适度上网娱乐。经常受到家长限制的未成年网民，对互联网有依赖心理的比例为10%，比不受家长限制的未成年网民低27.4%。与父母双方共同生活的未成年网民中，认为自己非常依赖或比较依赖互联网的比例为16.2%，而与父母中的某一方或其他亲属生活的未成年网民中，这个比例分别为22.4%和21.3%。

家长自身的上网行为和网络素养也对未成年网民有直接影响。在家长经常玩手机游戏或看短视频的家庭中，未成年人工作日上网2小时以上、节假日上网5小时以上的比例，分别比家长不经常玩手机游戏或看短视频的家庭高5.6%和8.5%，还有31.9%的未成年网民使用家长账号玩过游戏。26.8%的家长表示对互联网懂得不多，7.4%的家长表示自己不会上网，25.3%的家长认为自己对互联网存在依赖心理，难免会影响对孩子上网的管理效果。

网瘾青少年占比超10%

中国青少年网络协会于2005年、2007年、2009年分别开展了3次我国青少年网瘾调查研究。2009年报告显示,我国城市青少年网民中网瘾青少年约占14.1%,人数约为2404.2万。在城市青少年中,约有12.7%的青少年有网瘾倾向,人数约为1858.5万。

青少年网民中网瘾比例以18～23岁(15.6%)最高,其次为24～29岁(14.6%)、13～17岁(14.3%)。我国城市男性青少年网民中的网瘾比例比女性青少年网民中的网瘾比例高出5.6%。

社会经济发展水平低的城市,网瘾青少年比例高于发展水平高的城市。特大发达城市(北京、上海、广州)的网瘾青少年比例仅为8.4%,而边远欠发达城市的网瘾青少年的比例则高达14.8%。

值得警惕的是,研究发现,农村留守儿童沉迷网络问题,正在成为毁掉这个群体的大问题。武汉大学中国乡村治理研究中心博士后易卓带领的课题组,2021年对河南、湖北、湖南3省9县开展的专题调查显示,40.4%的留守儿童有专属手机,49.3%的留守儿童使用长辈的手机,其中21.3%的家长认为孩子严重沉迷手机,事态已十分严重。

网瘾青少年半数沉迷游戏

2009年中国青少年网瘾报告显示,我国城市青少年网民平时(周一至周五)平均每天上网时间约为80.2分钟,重度网瘾青少年平时平均每天上网时间为135.5分钟,接近无网瘾倾向青少年平均每天上网时间(72.7分钟)的两倍。

网瘾青少年主要类型是"网络游戏成瘾",其次是"网络关系成瘾"。近一半网瘾青少年(47.9%)把"玩网络游戏"作为上网的主要目的,并且花费时间最长,属于"网络游戏成瘾";13.2%的网瘾青少年在"聊天或交友"上花费的时间最长,属于"网络关系成瘾"。

第三部分　案例回放

未成年人网瘾之痛

身体伤害

◉ 案例1　蜗居网吧10年肺病离世

2011年5月16日，湖北网瘾少年小王生前蜗居网吧10年，因为长期缺少运动，以及生活作息不规律，导致肺结核晚期离世。（2021-06-03腾讯新闻）

◉ 案例2　连续17个小时上网导致晕厥

2020年7月12日，海南海口18岁高中生小余在高考结束后连续上网17个小时，在车站进站口晕倒。经检查，医生判断他是因为劳累过度，导致大脑缺氧而引发昏厥。（2020-07-15《法制日报》）

⊙ **案例3** 连续打游戏三昼夜猝死

2009年4月7日，深圳一名15岁中学生在"黑网吧"连续上网三天导致猝死。（2009-04-09搜狐新闻）

⊙ **案例4** 4岁孩子玩电脑成近视眼

4岁的晶晶被父母带到武汉爱尔眼科医院检查视力，发现近视300度。晶晶妈妈杨女士说，她和丈夫平时工作比较忙，有时下班也没时间陪女儿玩，于是就专门买了个笔记本电脑让孩子玩，没想到对孩子的视力有这么大影响。（2013-07-27《楚天都市报》）

◉ **案例5** 长时间玩游戏致眼睛损伤

2006年7月11日，北京高三毕业生小宇因高考过后没日没夜疯狂玩网络游戏导致视网膜裂孔。他每天平均玩10个小时以上的网络游戏，玩得最多的是网络游戏《CS（反恐精英）》和《魔兽世界》。（2006-07-11《北京青年周刊》）

◉ **案例6** 入戏太深认知错误跳天台

2018年6月22日，杭州一名13岁学生从住宅4楼的天台跳下，造成双腿严重性骨折，起因是家长因孩子玩游戏教训了他几句。事后孩子回忆时称，相信了游戏里可以"满血复活"的操作，才做出了这种举动。（2017-07-03中国日报网）

案例7 网瘾少年在特殊学校受殴致伤

2020年10月，湖南湘潭14岁男孩王某辍学在家，上网成瘾。父母商量决定送他进一所特殊学校进行管教。该学校对王某实行殴打、逼迫喝烟灰水，导致孩子腿骨折，公安机关介入调查。（2020-12-16《河南法制报》）

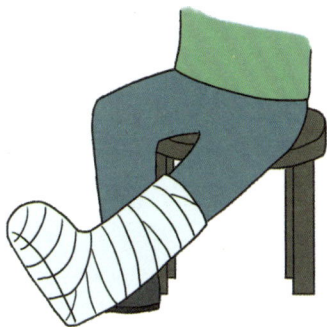

案例8 网瘾少年治疗被电击死亡

2017年，18岁男孩李某被父母送到戒网瘾学校2天后，经抢救无效死亡。经鉴定，被害人李某符合因高温、限制体位、缺乏进食饮水、外伤等因素引起水电解质紊乱导致死亡。（2017-8-18《新京报》）

危及生命的极端行为

📀 案例9 女孩被收手机后跳河

2019年3月15日下午，四川遂宁13岁女孩刘某因被老师收走手机，回家喝了点酒后想不开，跑到河边跳河自杀，被救起后送到医院救治。（2019-03-17人民网）

📀 案例10 被母亲抢夺手机后少年跳楼身亡

2017年5月3日，四川南充高一学生蒋某因玩手机，遭到其母亲两次批评，并抢夺手机，蒋某后从5楼跳下身亡。（2017-05-10澎湃新闻）

📀 案例11 少年沉迷游戏被批评后跳楼身亡

13岁的初中生张某由于沉迷网络游戏，成绩一落千丈，多次受到父母的批评教育，2004年12月27日，选择从24楼跳下自杀。（2005-01-24《京华时报》）

网上挥霍和被骗

案例12 **少年用父母金钱大额打赏主播**

2022年5月18日，杭州萧山一名15岁少年沉迷网络游戏，用绑定父母银行卡的账号大额、多次打赏多名游戏主播，累计在多个直播平台打赏80余万元。（2022-05-19《潇湘晨报》）

案例13 **女童给网络骗子转账2.8万元**

2021年4月22日，安徽芜湖的刘女士在午休时，沉迷游戏的9岁女儿看到一个网络博主发布的"一天免费领游戏皮肤"信息，在群主的指导下，分3次转走刘女士手机里的2.8万元。（2021-04-22余姚新闻网）

案例14 **男孩沉迷网络游戏花掉10万元**

四川绵阳一名10岁男孩，由于沉溺于网络游戏，从3岁开始持续充值购买游戏装备，7年时间花掉近10万元。2020年5月23日，父母觉得无法管教，把孩子送进了派出所。（2020-05-27《成都商报》）

伤害他人和犯罪

◉ **案例15** 网吧纵火酿惨案

2002年6月16日凌晨，4名沉迷网络游戏的未成年人在北京海淀区"蓝极速"网吧纵火，造成24人死亡、13人受伤。（2002-06-17新华网）

◉ **案例16** 网瘾少年不服管伤害父母

2005年7月17日，河北定兴一名15岁的网瘾少年由于不满父母管教，用绳勒、刀捅其母，致其母受伤。（2005-08-09《燕赵都市报》）

◉ **案例17** 少年为泡网吧偷盗家人钱财

广西玉林市公安局透露，当地一名15岁辍学少年陈某，因沉迷网络游戏，盗窃其伯父3.9万元挥霍一空。2011年6月14日，涉案陈某被警方抓获。（2011-06-15中国新闻网）

◉ 案例18　少年模仿游戏场景放火烧房

　　2019年5月，北京17岁少年小明模仿网络游戏《DNF（地下城与勇士创新世纪）》场景，放火烧了外公外婆的房子。（2019-09-01《钱江晚报》）

◉ 案例19　网瘾少年怒砸家里电器

　　2021年10月18日，上海市普陀区一名15岁孩子由于沉迷网络，不听父亲劝告，与父亲发生剧烈冲突，一怒之下砸烂了家中所有电器。（2021-10-18今日头条）

◉ 案例20　少年抢劫手机为玩游戏

　　2021年8月26日，17岁男孩进店抢劫手机被抓。据事后调查，由于迷恋网络游戏，其抢夺手机的目的并不是要将手机变卖获得钱财，而是因为自己之前的手机遗失，无法玩游戏，所以想到抢劫手机来继续玩游戏。（2021-09-07今日头条）

第五章

疗愈

把"网住"的孩子拉回来

按照国家卫生健康委员会发布的标准，对互联网过度使用的失控行为持续12个月以上，是诊断网络成瘾障碍的条件。据专家介绍，一旦达到这个标准，网瘾患者通常会伴有抑郁、焦虑、社交恐惧、强迫人格改变等病症。

当孩子网瘾发生，父母需要建立两个认知：一是孩子网瘾的诱因是父母教养失当和家庭功能失调；二是网瘾疗愈时间长、难度大、反复多，复发几乎是必然的。网瘾严重的孩子在专业机构住院治疗往往需要数月之久，很多家庭都是由父母陪伴治疗。

孩子网瘾问题要有效根除，解决孩子的心理问题是基础，解决父母问题和家庭问题是关键，两项任务必须同时进行。孩子要摆脱网瘾，孩子、父母和家庭都需要一次全身心的"脱胎换骨"。我们以下提供的是家庭可以实施的一些疗愈建议。

痛下决心，网瘾青少年的自主方案

戒除网瘾，孩子是内因，首先得让孩子痛下决心，建立自我戒除的动机，然后父母从旁协助才有着力点。下面是六种帮助孩子的方法。

改变认知法

对孩子的认识进行纠偏，针对他们以为的"游戏太好玩""游戏真过瘾"等肤浅感受，理性教导"网络游戏不过是游戏，结束了什么都没有，沉迷游戏是浪费自己的宝贵青春""网络不是玩耍的工具，而是帮助学习的工具，利用网络资源更有效地学习才是根本，才能使自己成长""不要让游戏一时的刺激，毁了自己的未来"等。让孩子每次上网时提醒自己正确认识网络的功能，切勿沉迷于游戏、聊天等。

自我警示法

让孩子将上网的利弊分别列在一张纸上，贴在容易看到的地方，如电脑上、桌上、卧室墙上、门上等，随时提醒自己不要沉迷，削弱上网念头。必要时可以让孩子大声读出来以警示自己。

奖惩分明法

家长与孩子共同商定戒除网瘾协议，制定规则条款和奖罚办法，由家长担任监督者。执行协议时要态度坚决，促进孩子进行自我约束和自我控制，规范上网行为。

转移注意法

培养多种兴趣爱好，在有益活动中寻找快乐，如学习乐器、参加运动、阅读有趣有意义的青少年读物、和朋友相约活动等，用健康的活动转移注意力，打乱并改变沉迷上网的习惯。

规范作息法

协助孩子制定每天的作息制度，细化学习、娱乐、休息、上网等时间，让每天作息时间科学化、有序化和可视化。着重在平时上网玩游戏的时间段安排其他内容，用有趣有益的活动和兴趣充实孩子的生活。

渐进脱瘾法

大量事实证明，断然停止孩子上网的做法，既不科学也无效果。家长可以和孩子商量制定一份上网时间表，在一个较长的时间段，合理安排上网时间，以每个阶段递减的方式，让上网在孩子生活中慢慢"淡出"。例如孩子可以规定自己第二阶段每周上网时间比第一阶段减少1到2次，每次上网时间减少半小时或1小时，直至每周上网不超过2次，每次不超过3小时，其间还要预留一定休息时间。另外，孩子每次上网前计划一下上网要完成的任务所需要的时间，假如估计需要40分钟，就用小闹钟定时30分钟，提前预告自己快要结束任务，也可以在网上设定限时报警，到时间即自动下网或关机。

风雨同行，网瘾青少年的家庭方案

如前所述，解决孩子网瘾的根本之道是改变父母错误的教育方式和不良的家庭氛围。父母通过对孩子的态度、教育方式的改进、对孩子情感投入的增加，改变家庭氛围，同时对孩子上网进行长期的、耐心的、正确的教育引导和科学管理。沉迷情况严重的，父母陪同孩子一起接受专业心理医生的系统家庭治疗、对孩子进行个性化治疗。父母要有耐心和信心，大量事实证明孩子的网瘾是可以完全戒除的，经过努力，孩子和家庭能回到正常的生活轨道上来。

一、解开心结，建立对话通道

父母要帮助孩子，首先要改善亲子关系，只有孩子愿意接受父母的教导，网瘾的家庭疗愈才能进行。著名网瘾戒除专家、华中师范大学特聘教授陶宏开根据丰富的实践经验，为父母打开和孩子的交流通道，归纳为"三心四步法"。

"三心"是爱心、耐心和诚心。这"三心"能解开孩子的心结。耐心交流，让孩子接受诸如爱自己、爱父母、先苦后甜等朴素的道理。与孩子交谈时，切忌做作，语速、语态或是肢体语言，甚至是一个眼神，都要让孩子感觉到父母和他是平等的。只有这样，孩子才会向父母敞开心扉。

爱心

耐心

诚心

指戒除网瘾分四步走。

第一步，选择合适的地点和时机谈话，让孩子认同、不反感。通常上瘾者集中于11岁至25岁，其共同特征是"没有理想，敌视父母，不爱学习"。一旦与他们交谈，最好不要直接谈上网、游戏的话题，选择他们感兴趣的话题切入，逐渐过渡到中心问题。

第二步，努力让孩子视父母为"自己人"。陶教授接待的不少孩子都是和家里闹翻的，他在和孩子谈话时，常常会以"你觉得父母这样做错了吗""他们这样做是为了爱你还是害你"等问题，让孩子自我反省，打开对父母认同的感情开关。

第三步，将孩子对父母的认同感转移到对学习重要性的认同上来，鼓励他们多读对自己有意义的书。

第四步，让孩子自己认识到上网成瘾的坏处，自觉为戒除网瘾付诸行动。

第一步

第二步

第三步

第四步

二、改变自己，"疗愈"家庭心病

孩子的问题是家庭的问题，网瘾治疗的一个关键点是父母对自身问题的反省和纠正。要改变运作多年的家庭关系模式，打破成员之间固有的心理状态，将父母的行为偏差对孩子的负面影响逐渐降低，这是一件艰难的事。惟其艰难，愈显可贵，父母有多大决心，有多大能力优化家庭关系，孩子就有多少被"疗愈"的希望。

按照前述易致孩子成瘾的家庭类型，我们分别给出如下建议：

1. **控制型家庭**。父母不可能一辈子为孩子规划人生道路，也不可能一辈子替孩子承担现实责任。孩子是具有独立人格的个体，父母需要平等地与孩子沟通，进行朋友式的交流，不要限制孩子的独立性，给他们更多自主空间。放下控制欲，做开明豁达、通情达理的父母，对孩子更具威信，让孩子更愿意亲近。

2. **溺爱型家庭**。父母溺爱的最终代价是孩子难以承担生活责任、难以与人正常相处、难以适应社会生活。溺爱是养育的懒惰，家长要担负起教育管理责任，约束孩子的行为，矫正孩子的任性，让孩子尝试挫折教育，自己承担应负的责任，懂得对自己的行为负责；培养孩子的同理心，学会共情，养成团队协助精神。

3. **忽视型家庭**。父母忙于谋生无暇顾及孩子，或是感情破裂波及孩子，这些家庭中都容易出现亲情匮乏、安全感缺失，或粗鲁莽撞，或自卑沮丧的孩子。这些受伤的孩子都感受不到家庭温暖。父母应该审视自己的角色缺位，在家庭中重新定位人生最重要的角色——父亲或母亲，平衡好社会角色和家庭角色，切实承担起父母的责任。对于离异家庭，最重要的问题是把孩子的生活保障和监护教养都处理好，将父母的义务置于个人情绪之前，共同承担孩子的养育重担。父母双方都与孩子保持稳定的情感交流，努力将对孩子的伤害降低，让孩子能持续感受到父母完整的关爱。

4. **严厉型家庭**。所有的愤怒都是对自己无能的愤怒。简单粗暴的压制、怒不可遏的拳脚，都是家长自身素养不足、教养技能匮乏的表现。这样的行为和状态除了对孩子造成伤害，更会激发孩子的逆反。家长需要反思自己的行为偏差，学习教育知识，提高科学教育孩子的能力。转变居高临下的姿态，"蹲下身"和孩子说话。尊重孩子，平等地对待孩子，学会发现和欣赏孩子身上的"闪光点"，和孩子在感情上多一些互动，真切表达自己的关爱。一个人格得到尊重的孩子，才愿意听从家长的教诲。父母的权威来自言传身教，从来不是来自"棍棒"。

三、有的放矢，针对性分类施策

1. **在现实中缺乏信心和成就感的孩子。** 这一类型的孩子，往往成绩不理想，得到的正面评价不多，恰恰在网络上找到意外的成功和喜悦。引导这样的孩子可以着重几个方面：耐心了解孩子在网络中获得的技巧和成绩，对他的"成就"表示赞许，肯定他的付出和努力；细心观察孩子在日常生活和学校学习中的点滴进步，给予鼓励和称赞，父母对孩子多使用赞许的语言，比如"做得很好""很棒啊""爸妈相信你""爸妈支持你"等，要有意识地避免否定和伤害的话语脱口而出，比如"你怎么这么笨""你就比不上你的同学""你怎么一点不像我"等；引导孩子逐渐减少上网时间的同时，引导和鼓励孩子参与现实中他喜欢和擅长的活动或运动，花时间陪伴孩子一同活动；与孩子的沟通交谈中，让孩子懂得，真正的信心不是建立在别人的赞美上，而是建立在对自己的认识上，真正的成就更不是来自虚拟空间的奖励，而是坚持做自己这个年龄应该做的事，追求长远的意义。

2. **现实中满足不了社交、领导意愿的孩子。**这一类型的孩子具有或渴望在同伴中的影响力和号召力，在网络世界里取得社交、领导成就，他们还可能带动身边的小伙伴一同"入网"。引导这样的孩子，首先要了解他在网络中的"作为"和"地位"，肯定他的交友能力和领导才能；探寻孩子在现实中的需求缺失，比如是否反感长辈交往中的利益导向，是否在学校被孤立排挤、得不到平等发展的空间，父母需要及时调整自己的行为偏差，同时加强与学校的联系沟通，为孩子营造友善平等的发展空间；教导孩子了解真实世界的人际交往存在着诸多误解和伤害，虚拟世界的交往更是云山雾罩，难以真实相对；鼓励孩子发展兴趣爱好，参加集体活动和公益活动，在现实生活中发展社交能力，借助帮助别人体会自我价值；鼓励孩子和同龄人交往，获得真实的友谊和信任。

孩子，妈妈相信你！

3. **好奇心强，喜欢钻研的孩子。**这一类型的孩子对新技术充满尝试探索的好奇心，会用自己的方式探寻网络世界。应注重疏导，指引他们学习和提高。家长可以了解孩子喜爱电脑的具体缘由和他对网络的梦想，然后根据他的兴趣，有目的地教导孩子关于电脑和网络方面的知识，发展他的特长。学校老师也可以鼓励孩子在电脑课上负责相关网页的制作维护、小程序编写等，将孩子的精力和能力转化为学习动力。

4.**生活中缺少朋友，感情需求得不到满足的孩子**。这一类型的孩子常常表现出内向、腼腆，甚至有些孤僻的性格，往往是因为他们缺少可以交流的父母和朋友。内心的缺失让他们在网络中寻找被重视、被关心的体验。家长首先应该反省自己对孩子在感情上的忽视，用合适的方式表达歉意和沟通的意愿。然后在生活中体察孩子的需要，鼓励他将学校的事讲出来，多倾听、少评判，用朋友的态度提出建议。同时在日常生活中多陪伴，并有意识地计划和孩子共度一些有意义的时刻，例如带领孩子参加他们喜爱的运动和活动，在节日或纪念日、家校联谊会等日子，准备特别的礼物和节目，为孩子创造惊喜，让他们体验被重视的快乐，由此充分感受到父母的爱。得到孩子情感上的认可，父母的引导才能有效开展。与此同时，在情感上、在日常交流中得到快乐的孩子，更容易从虚拟世界的社交中抽身。

四、联手学校,接力护佑孩子

从学校来说,应该像抵制毒品一样,教育学生防止沉迷电脑、电子产品和电子游戏。从家庭来说,在家庭成员共同努力的同时,家长要和学校联手发力。借助学校老师的支持,做好孩子的在校管理。班主任、孩子喜爱的科任老师,都是对孩子有影响力的人,他们的教导和监督能对孩子产生良好的影响。家长还应该积极争取孩子学校心理老师的帮助,心理老师的教师身份更容易接近孩子,并且能从专业的角度帮助孩子。

家长需要清楚孩子上学、放学的作息时间,及时获知学校作息时间变化,在孩子的时间管理上与学校无缝衔接,避免孩子"钻空子"。

五、校外时间,负好管理责任

孩子校外时间的管理需要父母来承担,对于网瘾孩子,更需要细化时间,善加约束。需要强调的是,在孩子的校外时间,父母至少要有一人留在孩子身边监护。对于有网瘾的孩子,尤其不能放任他在大片自由时间里放肆玩乐。要用有规律、安排合理、内容多样的校外时间,来充实孩子的生活,愉悦孩子的身心,减轻孩子的压力。

周一到周五，要求孩子放学后及时回家，不能在外逗留，更不能到网吧。回家后，以安排作业和预复习功课为主，其余穿插吃饭、看看电视新闻节目、帮忙做点家务等内容，并给孩子足够的睡眠时间。按照国家相关要求，应保证小学生10小时，初中生9小时，高中生8小时的每日睡眠时长。

周末两天时间，在征求孩子意愿的前提下，可以安排一天或半天用于补习，但要留给孩子休息、娱乐和锻炼的时间。可以用半天时间参加兴趣活动，由父母带领外出郊游、会友，或是运动；留出半天给孩子支配，孩子可以上网、和朋友玩耍。

据戒瘾专家陶然介绍，网瘾少年都有一个共同特点——业余爱好少，家长从小没有很好地培养他们的兴趣爱好。他们的生活中只有学习，一旦接触网络游戏，就容易上瘾。同时，陶然建议家长从小培养孩子良好的人际关系，让孩子有玩伴，独生子女可以养个小动物，让孩子精力释放，学会关心他人。

六、签订协议，规范上网行为

对于沉迷网络的孩子，家长可以尝试与孩子签订书面协议，以清晰明白的条款对孩子上网行为进行约束和控制。协议的条款，由家长和孩子协商制定，要合情合理，对孩子有要求，对父母也要有要求。父母要向孩子阐明，这个协议是双方郑重的承诺，双方都要遵守，这是一项重要的家庭协议。

教育心理专家徐亚灵根据青少年心理，为家长们提供了一个协议范本。（内容详见P151）

第六章

预防

別让**网瘾抢走**你的孩子

不同年龄段的网络陪伴

现在我们来到最后也是最重要的部分——预防网瘾。预防的意义永远大于治疗，特别是对于复发率高的网瘾。当网络生活已成为人类生活的重要组成部分，电子技术、电子产品在我们生活中无处不在，对于孩子，我们需要提前做好预防成瘾的保护，在不同年龄段给予不同的关注和陪伴，培养他们良好的网络素养，保障他们的网络安全。

良性网络教育生态正在建立

当前，我国未成年人网络保护机制正得到全面建立。国务院于2021年9月印发《中国儿童发展纲要（2021—2030年）》，要求加强未成年人网络保护，落实政府、企业、学校、家庭、社会保护责任，为儿童提供安全、健康的网络环境，保障儿童在网络空间中的合法权益。针对未成年人网络沉迷和游戏过度消费的问题，国家新闻出版署发布《关于进一步严格管理切实防止未成年人沉迷网络游戏的通知》，严格限制企业向未成年人提供网络游戏服务的时间，并且不得向未实名注册和登录的用户提供游戏服务。在相关政策的推动下，未成年用户的网络游戏使用时长和付费额度明显降低。2022年游戏分析机构Niko Partners（美国市场研究公司廷伯伙伴）发布了《中国年轻玩家》报告。报告指出，由于中国实施了防沉迷政策，6~17岁的未成年玩家的渗透率，已由6成降低到4成左右。具体到数字，则是由峰值的1.22亿人，减少到新规当前的8300万人，减少近4000万人之多。

　　2022年1月1日，《中华人民共和国家庭教育促进法》正式实施，家庭教育从"家事"上升到"国事"。其中明确指出：未成年人的父母或者其他监护人应合理安排未成年人学习、休息、娱乐和体育锻炼的时间，避免加重未成年人学习负担，预防未成年人沉迷网络。这意味着防止沉迷游戏的责任，正在从基础设施（防沉迷系统）构建层面，转向家庭层面。

　　学校的网络素养教育眼下显得重要且紧迫。学校在教授信息技术的同时，应注重心理教育，关注学生的上网习惯，引导学生在日常生活和学习中正确使用网络，提高自身网络安全防范意识。

　　这是一个好的趋势，青少年个人、家庭、学校、社会、互联网平台、政府相统筹协调的网络素养教育生态系统正在逐步形成。

　　家庭层面，在孩子的网络习惯养成中起着至关重要的作用，在预防层面更起着决定性的作用。要掌握网络世界的主动权和话语权，不让网络轻易"抢走"我们的孩子，家长需要从源头做好预防，从孩子幼年做起，做好孩子的网络"引路人"。以家庭为单位进入网络世界，将家庭构建成一个网络共同体，是在电子时代下养育孩子的有效途径。让网络素养教育成为一个参与、陪伴、互动、共同成长的家庭和社会过程。通过建立自己的家庭网络文化，打造上网模式与断网模式兼备、虚拟空间与现实空间并行的家庭生活，为孩子的成长构建健康而安全、丰富而多元的多维空间。

家长应具备的电子素养

数字时代出生的孩子，天生就更能接受和掌握数字时代的技术，对于迭代更新迅猛的电子产品的使用也如鱼得水。父母传统而天然的权威，在网络强大的功能、无所不能的信息搜索、即时传输的信息交流等特性面前，总是面临着被削弱、被消解的劣势。要当好孩子的网络导师，需要在几个方面有所准备。

一是具备基本的网络知识。熟练操作常用的网络工具，熟练掌握数字媒体、信息搜索引擎、网络游戏工具、网络社交软件、即时信息传输交流工具等。利用技术管理孩子的网络使用，操作监控软件、检查浏览痕迹，都需要家长具备相应的网络知识。

二是保持好奇和学习。对于新兴的电子技术、流行的线上工具和社区网站，保持了解和尝试的热情。家长具备科技感和时尚感，是和孩子减少代沟、保持通畅交流的良好基础。

三是保持自律。如今的成年人一样沉浸在电子世界里。据美国常识媒体一项研究显示，成年人花在屏幕上的时间和他们的孩子一样多，甚至更多。青少年的父母平均每天花在屏幕媒体上的时间超过9小时，其中82%的时间用于个人屏幕媒体，而不是工作。这样一来，如何谈得上在电子媒体和数字技术上做孩子的榜样？要成为孩子网络使用的督导者，在孩子面前使用网络保持自律，也是数字时代父母的基本修养之一。

不同年龄段的家庭电子教养

　　家长对孩子的影响力在不同阶段有所不同。在小学低年级之前，家长对孩子的影响力最大；到10岁左右，朋友、同学对孩子的影响力超过家长；到12岁开始，媒体的影响力超过朋友和父母。良好的电子教养要从小抓起。

学龄前：与电子产品保持距离

　　幼儿生长发育的最初5年，大脑发育最快，可塑性很强，最需要父母的培育。父母与婴幼儿的互动，可以促进孩子语言、社交、思维能力的发展，提高解决问题和其他执行能力的技能。婴幼儿需要丰富的现实环境获得学习和发展的条件和空间，这是电子屏幕无法承担的，而且过早使用会起到负面作用。婴幼儿即使少量接触电子产品如打视频电话，也需要在家长的辅助下偶尔进行。千万不要图省事扔给哭闹的幼儿一个iPad（平板电脑），那可能是毁害孩子的开始。

学龄期： 养成良好的网络习惯

这是孩子电子行为习惯养成的重要时期。家长首先要让孩子清楚电子和网络不是生活当中最重要的内容，明确一个原则：除了上网课，其他上网活动应该排在完成作业、家务劳动、体育锻炼等更重要的事项之后。

家长可建立一套家庭网络规则，细化家庭网络使用规则、家庭网络过滤机制，有效管理孩子的网络使用行为，从小为孩子建立起良好的"数字家风"，帮助他们建立正确的网络价值观。美国数字与儿童发展研究所建议家长制定的四项准则：

1. **设定底线**。限制孩子接触数字设备的时长，在吃饭时间和睡前1~2小时关掉设备，孩子的卧室不设置数字媒体。

2. **监视用法、行为和内容**。屏蔽不合适的内容；观看孩子们正在玩的视频游戏，并和他们一起玩游戏；和孩子朋友的父母谈论你的孩子在他们家里都做了什么。

3. **设定可以接受的限制**。制定并执行电子产品使用时间的家规，不要让电子产品干扰家庭关系。

4. **参与并树立榜样**。遵守你自己的家规，记住，你的孩子在看着你。根据前述数据，我们知道目前国内超过半数的家长习惯使用网络看新闻、刷短视频，近四分之一的家长承认自己对网络有依赖心理。可想而知，父母在家都一直抱着手机刷屏，又怎么要求孩子节制自己的网络行为？

设定底线　　监视用法、行为和内容　　设定可以接受的限制　　参与并树立榜样

为达到网络与现实的平衡，在网络之外，家长应该规定家庭成员包括孩子需要为家庭做的事、负的责。家庭可以同时设定上网时间和断网时间，在每周或每月设定几个"家庭无网日"。在"无网日"里，家长带领孩子社交、娱乐、运动、郊游、阅读、观展……充分体验和享受现实生活的丰富和乐趣。

当家庭作为一个整体进入网络，孩子的网络行为是向父母开放的，家庭网络共同体的成员关系亲密。家长可以教导孩子在网络世界的正确认知和安全技巧，并通过管理固化孩子的网络习惯。从婴儿期到童年时期，父母都陪同孩子在线，这既是满足儿童心理发展需要的方式，也是儿童网络使用的最佳方式。

在学龄期，还有一个父母应该关注的预防重点，那就是不要给孩子施加太大的学习压力。现行教育体制对学生造成的压力，在学校已经很重，学习压力成为孩子沉迷网络的一大原因。家长应在自己可控的家庭范围内，尽量给孩子"减压"，家庭应该建立多维价值评价体系，而非单一的学习成绩评价标准。孩子健康成长肯定不是单靠成绩就能决定的，家长应该多关注和培养孩子健康的体魄、优良的品德、良好的行为习惯，让孩子对生活充满热情，对未来满怀理想。

青春期前期： 父母在线支持更重要

　　这个时期是网瘾高发期，父母对孩子的宽容、支持、帮助显得尤其重要。进入中学前后，孩子有了更多关于独立自主的要求，父母需要跟孩子进行更深入的交流，而同时孩子的自我意识会让他们隐藏网络行迹。在打造家庭网络共同体、巩固家庭纽带的过程中，父母势必要不断成长，才能和孩子保持同步交流。

　　青春期前期是亲子关系磨合期。一方面孩子需要父母的指导和帮助，另一方面青春期的自我意识和情绪问题，会让孩子对父母产生逆反心态。这个时期父母对孩子的态度，决定了孩子和父母的关系融合程度。

　　创造民主、宽松的家庭氛围，让孩子有相对独立的空间，容许他们有一定的个人隐私。面对情绪不稳的孩子，父母要有意识做好自己的情绪管理，轻易不要让孩子激怒你。父母的暴躁、愤怒、歇斯底里，都会成为孩子轻视你的原因。心理学家提示，保持家长权威的一个秘诀就是——不要被孩子激怒。

　　青春期孩子生理上在快速成长，心理上渴望被平等对待，尤为反感被控制。当家长发现孩子已不是幼时听话的"小乖乖"时，要做的是放弃过多的管制，减少因为日常事务引发的冲突，"抓大放小"。所谓的"大"，一是事关品德层面，例如是否撒谎、是否作弊、是否在网上谩骂、是否浏览不良网页；二是事关安全层面，例如是否结交损友、是否吸烟喝酒、是否在网络使用时有涉及个人隐私泄露和危及家庭财产安全的行为……这个时期的孩子需要被重视，需要证明自己。父母对他们的态度最好是朋友的态度，认真对待他们的想法，倾听、欣赏、相信，帮助他们克服困难、挑战自我。努力和孩子保持对话，在孩子听不进去的时候，停止唠叨和批评，也不要流露出过多的失望和愤怒。用温和而坚定的态度坚持家庭网络原则，用耐心和韧性扶助孩子在正确的轨道上进行网络"冲浪"。

当孩子不与父母分享并隐藏网络活动时，父母在家庭网络共同体中的态度需要由保护转向引导，由批评转向鼓励，由监管转向提醒。可再次界定家庭网络规则，比如强调时间要求。可以跟孩子坦率交流他们的网络活动，了解他们的实际需要；掌握最新的技术趋势、学习时尚知识，创造和孩子的共同话题；给孩子提供保护和后盾，告诉他们，对网络遭遇的任何困惑或担心，都可以随时找爸妈商量。

担心孩子有不良倾向时，可以在技术层面做一些限制。例如在路由器上设定上网时间段，限制非学习时间上网；设定上网"白名单"，只允许访问学习网站；使用过滤器阻止不良信息，评估潜在风险，学会用电子工具进行复查过滤；下载防"黄"软件，将不健康网站一律屏蔽。

青春期后期： 鼓励独立渐渐放手

进入高中后期和大学，孩子的网络行为有了更多的自主性和更高的创造性，对于网络有效社交和智慧应用的水平超过很多父母。他们在网络世界里逐渐独立，一步步离开父母的羽翼。

实际上，家庭网络共同体从儿童时期开始做的工作，都是为孩子在网络中的独立生活而做的准备。陪伴孩子在线的过程，就是父母一步步减少控制权的过程，直到有一天不再伴随，放手让孩子独立。在这个时机到来之前，父母仍需要参与孩子的数字生活，关注他们在网络中形成的价值导向、自我认知，给予积极的鼓励和指引。为避免网络滥用，父母日常需要多关注孩子的情绪状态，在他们情绪波动时表达关心、给予帮助，协助他们处理问题、解决困难。

要构建家庭网络共同体，建立父母与孩子亲密互动、共同成长的网络家庭生活，其基础必然是情感和谐、相互信任的现实生活。家庭成员间的温情爱意、父母子女各自和共同的理想，现实空间丰富多彩的生活，终究是远比虚拟世界更吸引人的存在，也是有效预防和戒除网瘾的起点和终点。当我们作为家长，努力为孩子构筑起温暖、安全、互信的两个空间时，众多的小庆、梦梦、阳仔……就不会因孤独而走失于幽暗魅惑的网络迷途，"网瘾"这个怪物也无法从父母手中"抢走"我们的孩子。

第七章

专家访谈

孩子沉迷网络是对现实的逃避

——精神卫生专家刘相辰访谈录

前述内容结稿后，我们拜访了南方医科大学深圳医院精神卫生所主任刘相辰。一方面请他从专家的角度斧正本书；另一方面请他结合诊疗实践，就众多未成年人沉迷网络的现象，为苦恼的家长做一些思路上的梳理和行为上的指导。

问 刘教授，现在孩子沉迷网络的情况比较普遍，家长很担心，又觉得难以管理。对这种现象您怎么看？

答 随着互联网技术越来越发达，网络在人们生活中所占比重越来越大，不光是青少年，我们每个人在日常生活中都已经很难离开手机、离开网络生活了。与此同时，不可避免的网络依赖问题也在这样的时代背景下逐渐凸显出来。

尽管目前对网络依赖的界定仍存争议，但已经有不少研究工作正在开展。统计数据表明，全世界范围内青少年过度依赖网络的发病率是6%，我国比例接近10%。从近年来我所在科室接诊案例情况来看，这类案例确实是在逐年增多。就中国青少年出现的网络过度依赖现象，背后原因比较复杂，家庭关系、学业、焦虑或抑郁等原因都可能导致青少年出现网络过度依赖行为。当出现沉迷网络的念头时，青少年可通过反复暗示、自我鼓励、转移注意力、加强现实人际交往等方式抵御网络诱惑。2022年，世界卫生组织也正式将"游戏障碍"列入精神疾病范畴，初衷是希望通过此举使游戏、网络等非物质依赖问题受到社会更多的关注，甚至在治疗时能得到保险支持。网络成瘾不应被简单定义为一种疾病，青少年过度使用网络往往伴随着其他问题，涉及家庭、学校和孩子自身，问题的改善和解决需要多方共同努力。家长正确关注和教育、学校支持，以及同伴帮助，都可以减少青少年对网络的过度使用。

所以在我看来，青少年沉迷网络往往只是一种逃避现实生活的表象，我们更需要关注和探讨的应该是沉迷网络背后的孩子的心理变化和想法，如果不帮助其解决根本问题，只是一味地、刻板地去制止、限制孩子的上网行为，我想很大程度上是徒劳的，而且是容易复发的。

问 网络成瘾是否为心理疾病？有什么机制？

答 目前医学上对网络依赖是不是一种真正的成瘾行为仍存有争论，但对其是一种精神疾病或精神障碍的认识是一致的。网络依赖又称"病理性网络使用"，是指由于过度使用网络而导致人们出现明显的社会功能障碍、心理损害的一种现象。由于其行为表现类似于传统的毒品成瘾和物质滥用，人们习惯称其为"网络依赖"。从系统的角度来看，游戏象征着一种关系，青少年借此满足在现实生活中未能满足的需要，如安全感、归属感、尊重、爱、亲密关系和自我实现。网络依赖的孩子往往在现实生活中无法充分获得上述自我需要，从而更易表现出易怒、情绪不稳定、不接受管教、叛逆、孤僻、顶撞权威者等行为。从我接诊的实际案例来看，网络成瘾的孩子都有一些共同特征，简单说来，就是他们无法离开网络，非工作、学习时间都在上网，就像"吸食毒品"一样无法自拔。沉迷网络后，对孩子的身体、心理会造成严重伤害。哪怕是戒除网瘾后，也会对孩子的终身生活带来严重影响。所以，广大家长应当对孩子的网瘾问题引起高度重视。

目前对网络依赖的产生机制尚未有统一的定论，主流有两种观点。一种观点认为，网络依赖不同于药物或物质成瘾，不存在因长期药物或物质使用而导致的生理依赖现象，更像是一种心理依赖。另一种观点认为，网络依赖和药物或物质成瘾具有相似的发病机理（如大脑奖赏系统的作用）和行为表现（耐受、戒断反应等）。

问 青少年发生网瘾的主要原因，在您看来都有哪些？

答 结合实际案例情况，从青少年自身因素来分析，游戏成瘾主要有以下三个方面原因：一是缺乏自我控制能力。青少年"三观"尚未发展完整，心理基础尚不稳定，对新鲜事物好奇与探究的欲望十分强烈，少数人经受不住他人的鼓吹、宣传，在猎奇心理的驱使下，往往因为自制力薄弱而深陷其中。二是沟通和社交能力低。孤独感和网络游戏使用时间的增加呈正相关。有些孩子难以在现实生活中与他人建立良好的人际关系，通过玩游戏可以得到宣泄和释放，在虚拟世界获得满足感。三是孩子本身存在焦虑、抑郁等心理问题。对于这类孩子来说，沉迷网络只是焦虑、抑郁症状的外在表现之一，他们将打游戏作为缓解焦虑、抑郁的重要手段，与成年人的"借酒浇愁"类似。

从外在环境来分析：一是不良的家庭氛围，包括了过度的放纵、溺爱、忽视，使得孩子没有应有的把控力；也包括家庭氛围异常严格，孩子感到非常压抑，正常的欲望和好奇得不到释放，这种氛围往往会使孩子找到"漏洞"时就难以控制。二是学校环境适应不良，在学校与老师、同学关系不好，甚至在校期间遭遇校园暴力或被孤立时也会促使孩子沉迷网络。

答   虽然现在尚未有较为公认的针对网络依赖的干预措施及治疗方案，但目前不同的研究者从各自专业角度出发，已经提出了很多有效的干预措施和干预流程。综合目前的大量研究可以归为三种：药物治疗、心理疗法和综合疗法。

药物治疗方面目前尚未达成一定的共识，国外有部分案例报道了采样抗抑郁药物＋抗精神病性药物有效地改善网络成瘾、降低网络渴求，但这一治疗方式还在摸索阶段，不建议常规使用。更多的还是使用心理治疗手段来治疗网络成瘾，常用的心理治疗包括认知行为疗法（CBT）、团体治疗、家庭治疗等。在认知行为的基础上，大量临床干预将其与多种干预手段相结合。因此，在网络依赖的治疗手段上，主流趋势是采取以心理治疗为主、药物治疗和物理治疗为辅的干预措施。

网络成瘾涉及多方面的因素，具有复杂的内在成因，但在家长、孩子、医生等多方共同的配合和参与下是可以根治的。

心理咨询

问 治疗过程中，孩子需要如何配合？家长又如何参与？

答　首先家长和孩子都应该有良好的依从性，认真听取专业医生的指导建议，遵从医嘱，认真按时完成医生布置的相关任务。其次家长需要充分听取孩子的内心想法，努力探寻孩子沉迷网络这一类行为背后的原因；孩子的成长离不开家长的陪伴和引导，以身作则，家长多带孩子见识不一样的活动，鼓励、挖掘孩子更多的兴趣爱好。孩子完成医生布置的相关任务之外，也需要给自己制定一份每日计划表，给自己定下一些小目标，完成后家长可以予以小奖励，孩子可以试着参加不同的活动，寻找自己喜欢的人和事物，勇敢表达自己的想法等。

问 对于青少年网瘾的预防，在家庭层面家长可以做些什么？对于网络时代的青少年心理健康教育，您还有什么建议？

答 正如前面所述，孩子网瘾的形成，跟家长、家庭因素有很大关系，网络可以让青少年借以满足在现实生活中未能满足的需要。这其实就是一场父母和网络"争夺"孩子的一场较量。父母需要认识到孩子的网瘾包含意识层面的亲密需要和潜意识层面伤害自己的需要。预防孩子网瘾，最根本还是改变家长错误的教育方式和不良的家庭氛围。建议家长通过对孩子态度、教育方式的改进、对孩子情感投入的增加，改变家庭氛围，同时对孩子上网进行长期的、耐心的、正确的教育引导和科学管理，用课外阅读、家务劳动、外出游玩等更丰富、更精彩的生活内容，"抢占"孩子的心灵和精神"地盘"。

父母帮助孩子健康上网，我们建议八个法则：

1. 榜样法则。以身作则，成瘾是模仿的结果。

2. 关系法则。好的关系带来好的行为，成瘾是亲密关系缺失的结果，敌人的观点反对，朋友的观点支持，成瘾往往是对父母的反抗，所以一段健康的亲子关系尤为重要。

3. 自由法则。拥有自由会更快乐，成瘾是用来对抗控制的，所以一个轻松自由的家庭氛围有助于避免网瘾。

4. 信任法则。"相信什么就会发生什么"并不是迷信，成瘾往往是对孩子不信任的结果，家长对孩子有十足的信心会成为他们向更好目标前进的动力。

5. 自我法则。孩子一旦没有了自我，便会用问题行为来替代，帮助孩子做自己、实现自己。

6. **爱的法则。**孩子往往会通过成瘾来寻找缺失的爱，所以，满足孩子的需要，无条件的爱可以让他们无须使用替代途径获取爱。

7. **分化法则。**成瘾是孩子对抗父母对自己干涉的反应，孩子的事情自己做，父母也做好自己的事情，并辅助孩子做好和承担自己的责任。

8. **成长法则。**父母成长了，孩子也会健康成长。

针对孩子沉迷上网的症结所在，以及不同个性的孩子心理特点，预防孩子染上网瘾，成为一项社会系统工程，需要家长、学校、社会各方面的共同发力。希望全社会一起关注青少年的心理健康教育，给予未成年人更多、更贴切的关爱和帮助。

受访专家介绍：

刘相辰，深圳市地方级领军人才，南方医科大学深圳医院精神卫生科及健康管理中心学科带头人，主任医生，硕士生导师、二级教授，享受国务院政府特殊津贴专家。30年来累计诊疗心理疾病、亚健康状态、身心疾病及精神疾病患者达2万余人次，积极推动医学模式由单纯"生物型"向"生物—心理—社会—环境型"转变。发表论文30余篇，撰写专著5部（其中主编2部、副主编3部），撰写科普著作2部。

后记

我们现在怎样做父母

　　我们现在怎样做父母？对于历代家长，都是个终极问题。到了我们这一代，完整的问题是：在互联网时代，我们这些"数字移民"家长，怎样做"数字原住民"孩子的父母？

　　数字时代，一个巨变而伟大的时代，一个学习革命的时代，一个个性化发展的最好时代，也是家庭教育最具挑战的时代。"如果我们用过去的方式教育孩子，就是在剥夺他们的未来。"美国教育家约翰·杜威的提醒在此时尤为振聋发聩。

　　在数字时代，以知识累积和经验累积为基础的、传统的、天然的家长权威，在互联网的信息爆炸中渐次瓦解，亲代和子代之间形成包括技能、知识、观念等差异构成"数字代沟"，给家长带来的教育难题前所未有。怎样当好"数字家长"，怎样培养合格的"数字公民"，是我们这一代父母的功课。

　　似乎很难，但又似乎不是很难。在长期的家庭教育观察中，我们发现，对孩子教育成功的家长并不一定都学问高深，往往有很多看似普通的家长，反倒培养出了优秀的孩子。家长对自己的合理定位、不越俎代庖的"平常心"、温情有爱的家庭氛围……都是一些平实的经验。聚焦到本书所谈的网瘾问题，某种程度上说，是家庭和网络在"争夺"孩子的战斗。这是一场艰难的战争，而被大量实践经验证明的获胜答案又似乎异常简单：只要孩子在家庭中感受到爱和温暖，获得自信和自我，就不会落入网瘾的陷阱。

　　如此说来，要做合格的"数字父母"，也未必很难。培养正向的网络观、形成良好的网络习惯、培育优良的网络素养，这些是数字时代家庭教育的重要内容，而这些新内容融合在传统的品行培养、习惯养成、"三观"教育中，在经年累月的家庭生活和绵密细碎的日常交流中，由家长有意识和无意识地灌输给孩子。在家庭架构中，父母担起责任，放正位置，平稳心态，营造安全温暖和谐的环境，家庭教育就能在正确的轨道上运行，对孩子的教养和管理就能有效开展，也就能避免很多弯路和荆棘。著名青少年教育专家孙云晓告诫父母："在压力很大的今天，与孩子是否有好的关系决定着教育的成败。"今天要做合格的父母，我们有几个可以尝试和努力的方向。

　　温暖，做有察觉的父母。未成年孩子最需要的是什么？2018年北京师范大学相关研究机构做出的《全国家庭教育状况调查报告》，对四年级到八年级的学生及班主任共20万人进行了调查，其中"人生最重要的事"第一位选择中，大多数孩子都选了"有温暖的家"。这也是父母的共同愿望吧，一朝为人父母，"未成年人的监护人"就成为人生最重要的角色了。父母主导的家庭关系成为孩子的人生底色，深刻影响孩子人格的建立、人生目标的形成。一个安全、有温度的家是孩子成长的港湾和归宿。父母的养育除了满足孩子的温饱，还有满足孩子情感需求的爱意。父母需要一颗温柔而敏感的心，一方面，察觉孩子成长不同阶段的心理需求，善加满足和引导；另一方面，察觉父母自身教养行为的偏差，并加以纠正。我们常说孩子的问题就是父母的问题，在网瘾问题中，这个规则同样适用。本书讲述的"黑故事"均来自真实案例，我们可在其中发现，父母的问题、家庭的问题将导致孩子的缺失感，造成难以弥合的伤害。温暖是一种适宜的温度，不燥不冻，而父母对孩子情绪的察觉和帮助来自深度的爱意，对自身问题的察觉和纠偏则来自强烈的责任感。

开明，做有胸怀的父母。在孩子学业压力普遍很大的今天，家庭对孩子的评价不可单一化，不要"以成绩论英雄"。放眼孩子的一生，优良的品格、生活的智慧、抵抗挫折的能力、乐观的心态，都是比考高分更能让人幸福的内在属性，多维度的家庭评价体系才是孩子健康成长的框架。和道德一样，高要求只适合针对自己，父母不要把自己未了的心愿寄托在孩子身上，变成对孩子的压制。我们常说的孩子逆反，根源就是父母不允许孩子"长大"。对于孩子，长大的标志是拥有选择权，不是被动接受和服从。开明的父母会营造民主、宽容的家庭氛围，把孩子作为独立的个体给予尊重，让孩子的家庭话语权、个性化发展需求能得到充分满足，舒展自在地成长。

时尚，做有智慧的父母。和孩子尤其是青春期的孩子有共同话题，让亲子沟通渠道顺畅、情感流动，父母需要有一定的知识和技能储备。除掌握儿童健康、行为养成、教育心理等科学养育知识外，还要掌握一些"时尚元素"，懂得基本的网络技术、会玩热门的游戏、了解流行的网络语言……孩子都喜欢"时髦"的父母，愿意和懂自己语言的父母做朋友，这样的父母，陪伴更有质量。父母的能力还表现在洞悉事物的变化、乐意学习新鲜事物、能以新的角度看待问题，这些适应网络时代的"智慧"会让孩子佩服和信任。

丰盈，做有理想的父母。当我们谈论孩子的成长时，我们谈论的是父母和孩子一同成长。当我们和孩子谈论理想时，孩子也会反问父母的理想。父母主动提升数字"社会化"能力，才能跟上孩子的脚步。一个家庭需要共同的家庭理想，而每个家庭成员也需要各自的理想。父母对自己的人生有目标、有追求，家庭才有涌动的活力朝气。而在家庭中谈自律，也首先是父母对自己的要求。我们知道对孩子最有效的管教就是言传身教，试想一对回家就"泡"在手机里刷视频、追剧的父母，如何要求孩子远离电子游戏？只有内心丰盈的父母，才能建立丰富多元、生机盎然的家庭生活，养育出热爱生活的孩子。一个对现实充满热情，对未来充满向往，对人怀有感恩之心、恻隐之心，具备良好的生活感知能力、情绪调节能力、抗挫能力的孩子，是每个家庭的共同理想，这样的孩子也是一个永不会跌入网瘾陷阱的孩子。

附录一

上网入迷程度自测表

你对上网很入迷吗？上网已经改变了你的学习和生活状态吗？如果你想知道自己上网的入迷程度，那么，请认真阅读下面所列各项，并在符合你的情况的条目后面填"是"，在不符合你的情况的条目后面填"否"。

如果你不是认真诚实地填写本自测表，那么这个自测就一点意义也没有。相信你是不会做没有意义的事情的。

(1)你是否对网络过于关注，下网后还想着上网，上课期间上网的情境也会不由自主地浮现在你的脑海中，不能控制这种想法，或者是否在上课时发生过不由自主地敲击键盘的动作？（　　　　）

(2)你是否要不断增加上网时间，才能满足上网的欲望？（　　　　）

(3)你是否觉得自己上网时间实在太多，试图减少或控制自己对网络的过度使用却难以做到？（　　　　）

(4)你是否对家人、老师或朋友遮掩自己对上网的沉迷，不愿意在他们面前谈论你上网的问题？上网是否已经严重影响了自己与父母、同学和朋友的交往？（　　　　）

(5)你是否将上网作为逃避父母和家庭、摆脱烦恼、缓解不良情绪(如紧张、抑郁、无助)、减轻心理压力的方法？（　　）

(6)你是否对上网产生了依赖，当你准备下网或停止使用网络时，是否会感到焦躁不安、心烦意乱，有无所适从的焦虑感、失落感？（　　　　）

(7)你是否由于上网影响了自己的学习，减少了对学习的兴趣，因上网发生过迟到、逃学、旷课等现象，因过度上网导致学习成绩严重下降？（　　　　）

(8)你是否常常用父母给的餐费或零花钱上网，是否感觉到你现在的零用钱不够上网，并且为上网花了很多钱？（　　　　）

(9)你的上网时间是否经常比自己预期的要长，总是有不想下网的感觉？（　　　　）

(10)你是否下网就觉得心情不好，一上网就会来劲头，对上网表现得异常兴奋？（　　　　）

以上问题答一个"是"得1分，看看你总共得了多少分？你的得分是＿＿＿＿＿＿＿分。

自测人：＿＿＿＿＿＿＿＿＿＿＿＿＿

自测时间：　　　年　　　月　　　日

　　（本测试得分在5分及5分以上的孩子，就有可能染上了网瘾，得分越高，网瘾程度越高，父母可以根据得分进行判定。）

附录二

≡ "健康文明安全上网、预防网瘾发生" 家庭协议书 ≡

甲方（父母）＿＿＿＿＿＿＿＿

乙方（子女）＿＿＿＿＿＿＿＿

为保证乙方的正常上网权利，保证甲方向乙方提供正常的上网条件，有效控制乙方的上网时间和上网内容，规范乙方的上网行为，使乙方做到健康文明安全上网，避免乙方沉迷网络染上网瘾，让上网活动有利于促进乙方的学习、综合素质的提高和健康的成长，经甲乙双方共同协商，一致达成以下协议。

一、甲方的权利和义务

（一）甲方尽可能为乙方正当合理的上网要求提供条件和方便，不能禁止乙方正常的上网活动和行为。

（二）甲方有权利对乙方的上网时间和行为进行合理的管理和控制，有权按本协议规定终止乙方不正当、不合理的上网活动。

（三）甲方有权对乙方的上网行为进行必要的教育和引导，但要注意尊重乙方的人格，避免对乙方采用简单粗暴的教育方式。

（四）甲方要关心乙方的心理需要，经常与乙方进行沟通和交流，及时了解乙方的心理动态，尽力给予帮助。

（五）甲方为家庭购置电脑，有权决定电脑的安装位置。甲方有权决定把电脑安装在客厅里，方便全家人使用。

（六）甲方为乙方购置的iPad、手机等电子设备，主要用于学习和交流，乙方上网需要在学习任务和家务完成后，征求甲方同意并在约定时间内使用。

（七）甲方应保证本协议规定的乙方所享有的上网权利。

二、乙方的权利和义务

（一）乙方应在家庭经济条件承受能力许可范围内，享有本协议规定的正当的上网权利，但不能向甲方提出家庭条件不能达到的上网要求。

（二）乙方在周一到周五的学校正常学习时间内，除了上网查阅与学习有关的资料外，不能上网从事其他网上娱乐活动；并且每周上网查阅资料次数不能超过（　　　　）次，每次不能超过半小时。

（三）乙方在周末可以上网（　　　）次，但每次不能超过（　　　）小时。

（四）甲方在家庭安装电脑，开通网络，乙方原则上不能进入网吧上网，如要进网吧，需经甲方同意方可。

（五）乙方上网不得从事有关升级、传奇、暴力、色情等容易上瘾和道德沦落的游戏活动，不得涉及色情网站和从事不健康的聊天活动。

（六）除非甲方陪同或同意，乙方不得与陌生网友见面，更不得把网友带进家里。

（七）乙方不得把家庭地址、学校名称、家庭电话号码、卡号密码、甲方身份、家庭经济状况等信息告诉网友或在网上散布，避免导致不良后果。如有需要，一定要征询甲方的意见。

（八）乙方不得向甲方提出超过本协议范围的过分的上网要求。

（九）乙方在上网活动中，要注意网络道德，做网络文明的使者。遵守网络规范，不在网络上散布不良信息，不在网络上使用不文明语言，不在网络上窃取他人信息资料，侵害他人的权益。

三、违约责任

（一）如果甲方不履行本协议规定的义务，不满足乙方正当合理的上网要求和权利，乙方可以向班主任、学校心理辅导老师、学校行政等有关第三方反映，督促甲方履行本协议。

（二）如果乙方违反本协议的要求沉迷上网，则视违反的程度给予必要的处罚：

1. 乙方因上网发生迟到或早退一次，取消（   ）次周末上网。

2. 乙方因上网发生旷课一节课时间，取消（   ）次周末上网。

3. 乙方因沉迷上网严重影响学习，导致成绩下降，则取消乙方半年的上网权利。网瘾严重时由甲方送到专门的网瘾咨询治疗机构戒除网瘾。

4. 乙方如果进行涉及本协议禁止的上网活动和内容一次，则取消其至少（   ）月的上网活动。

四、本协议实施

以上协议内容，已经由甲乙双方共同协商一致，没有异议，从（   ）年（   ）月（   ）日开始实施。

未尽事宜，在实施过程中由甲乙双方协商补充修订。

本协议一式三份，甲乙双方各保留一份，乙方就读学校存留一份。

甲方（父母）签字：_____

乙方（孩子）签字：_____

见证人（学校心理辅导老师）签字：_____

年   月   日

备注：家庭协议范本（   ）内容可根据家庭实际自行约定。

参考文献

1. 银子. 呵护云端的孩子——一位心理医生给中国家庭的网络使用指南[M]. 北京：中信出版集团, 2022.

2. 银子. 断瘾——网瘾心理治疗启示录[M]. 北京：中信出版集团, 2020.

3. 徐亚灵. 家有小网迷, 父母怎么办？——孩子网瘾的预防和戒除[M]. 北京：经济管理出版社, 2011.

4. 戴安娜·格雷伯. 如何在数字时代养育孩子[M]. 陶尚芸, 译. 天津：天津科学技术出版社, 2021.

5. 赵春梅, 许雷霆. 网络只是替罪羊——网瘾青少年家庭心理访谈录[M]. 合肥：安徽教育出版社, 2011.

6. 张寅. 关注网瘾的危害[M]. 西安：西安电子科技大学出版社, 2013.

7. 孙虹钢. 帮孩子戒掉网瘾[M]. 北京：新世界出版社, 2011.

8. 张苏静, 金科. 亲子关系与儿童网瘾防治策略[M]. 济南：山东教育出版社, 2014.

9. 陶红亮. 中小学生网瘾预防知识读本[M]. 北京：应急管理出版社, 2019.

10. 郝言言, 陶红亮. 中小学生安全与防护系列——防范网瘾[M]. 北京：人民卫生出版社, 2012.

11. 陈青松. 救救孩子——中国"网瘾少年"调查[M]. 北京：东方出版社, 2007.

12. 中国互联网络信息中心. 第49次中国互联网发展状况统计报告[R]. 北京, 2022.

13. 中国青少年网络协会. 中国青少年网瘾调查报告[R]. 北京, 2009.

14. 公娜, 黄巧敏, 张孟思. 深圳市初中生网络成瘾3年追踪研究[J]. 中国学校卫生, 2021, 42(12)：1833-1837.

15. 操小兰, 文丝莹, 柯晓殷. 深圳市中学生网络成瘾检出率及其与抑郁情绪的相关性[J]. 中国药物依赖性杂志, 2019, 28(6)：464-467.

16. 郑培杏, 王德民, 欧巧玲. 中国青少年网络成瘾者自杀相关行为发生率的META分析[J]. 中国健康心理杂志, 2022, 30(6)：811-815.